Diversidade no ambiente escolar:
instrumentos para a criação de projetos de intervenção

Diversidade no ambiente escolar:
instrumentos para a criação de projetos de intervenção

Keila Deslandes
Nira Fialho

autêntica

Copyright © 2010 Programa de Educação para a Diversidade – ProEx/UFOP

COORDENADORA DA SÉRIE CADERNOS DA DIVERSIDADE
Keila Deslandes

CONSELHO EDITORIAL
Adriano Nascimento – UFMG
Carla Cabral – UFRN
Érika Lourenço – UFMG
Keila Deslandes – UFOP
Mônica Rahme – PUC-Minas
Richard Miskolci – UFSCar

PROJETO GRÁFICO
Tales Leon de Marco

EDITORAÇÃO ELETRÔNICA, REVISÃO E PRODUÇÃO GRÁFICA
Autêntica Editora

Dados Internacionais de Catalogação na Publicação (CIP)
(Câmara Brasileira do Livro, SP, Brasil)

Deslandes, Keila
  Diversidade no ambiente escolar : instrumentos para a criação de projetos de intervenção / Keila Deslandes, Nira Fialho. – Belo Horizonte : Autêntica Editora ; Ouro Preto, MG : UFOP, 2010. – (Série Cadernos da Diversidade ; 6)

Bibliografia.
ISBN 978-85-7526-481-2

1. Ambiente escolar 2. Diferenças individuais 3. Discriminação 4. Preconceitos I. Fialho, Nira. II. Título. III. Série.

10-08787   CDD-306.43

Índices para catálogo sistemático:
1. Ambiente escolar : Diversidade cultural : Sociologia educacional 306.43
2. Diversidade cultural : Ambiente escolar : Sociologia educacional 306.43

Sumário

Introdução..7

Preconceito e discriminação
em ambiente escolar..9

Mudar ou deixar como está? A temática
da mudança social..17

O projeto de intervenção.....................................23

Referências..77

Introdução

Como agir diante da constatação de que a escola reproduz estereótipos, preconceitos e discriminação? Partindo de pesquisas recentes, sobre a intensidade do preconceito e as formas de discriminação presentes na escola, este livro, com um foco bastante propositivo, apresentam os instrumentos para a criação de projetos de intervenção, que compreendem a identificação e a tipificação da situação-problema a ser combatida, o planejamento do projeto de intervenção, a elaboração do plano de sua implementação e, finalmente, as estratégias de monitoramento e avaliação que retroalimentam todo o processo.

O objetivo principal deste volume é fazer com que o leitor, supostamente um professor ou um facilitador de mudanças na escola, possa conceber um conjunto de etapas para a propositura, a implementação e a avaliação de projetos de intervenção que, em princípio, poderiam incidir sobre qualquer tema e lugar, mas que aqui são definidos como projetos de intervenção a ser desenvolvidos no ambiente escolar, para combater sentimentos de preconceito e práticas de discriminação ali presentes.

A partir da leitura deste livro, professores, professoras e demais interessados poderão efetivamente vislumbrar mudanças na escola, implementá-las e, principalmente, avaliar se as ações propostas estão tomando o rumo que se pretende, em curto, médio e longo prazos, no sentido de construir uma noção de cidadania sustentável e inclusivista, na recente democracia brasileira.

Preconceito e discriminação em ambiente escolar

Resumo

Iniciamos esta seção com uma breve apresentação dos conceitos de preconceito e discriminação, destacando o princípio constitucional de efetiva igualdade de oportunidades de acesso social. Em seguida, discutimos a presença de preconceitos e discriminações de diversas ordens na escola, com base na pesquisa realizada pelo INEP/FIPE, entre 2005 e 2009, apontando que tais conceitos se correlacionam a índices de baixo rendimento escolar. Finalmente, destacamos a importância de que processos de mudança sejam iniciados e potencializados, com vistas a promover a diversidade, a inclusividade e a cidadania, na escola.

Objetivos

- Apresentar os conceitos de preconceito e discriminação, distinguindo-os e mostrando-os como complementares.
- Discutir o princípio do direito à igualdade substantiva.
- Discutir o preconceito e a discriminação na escola, a partir de dados de pesquisa sobre o tema.

Preconceito e discriminação são termos distintos, apesar de geralmente complementares. Do latim *praeconcepto*, esse termo indica o "conceito, opinião ou julgamento que se forma *a priori*, sem conhecimento ou ponderação dos fatos" (SILVA, 2006, p. 1076). Quanto à discriminação, a ideia é consagrada no texto da Convenção Internacional sobre a Eliminação de Todas as Formas de Discriminação, como "qualquer distinção, exclusão, restrição ou preferência baseada em raça, cor, descendência ou origem nacional ou étnica, que tenha o propósito ou efeito de anular ou prejudicar o reconhecimento, gozo ou exercício em pé de igualdade de direitos humanos e liberdades fundamentais nos campos político, econômico, social, cultural ou em qualquer outro campo da vida pública"(SILVA, 2006, p. 480). A partir do preconceito, discrimina-se para inferiorizar, subordinar, dominar e desfavorecer. O conceito, opinião ou julgamento social produz, assim, violação dos direitos humanos.

A discriminação originada no preconceito tem, portanto, um caráter conceitualmente negativo, lesivo e atentatório contra os princípios de igualdade humana, conceito que aqui se emprega não no sentido natural, preconizado pelo paradigma liberal-capitalista e baseado numa ideia abstrata de pessoa humana, que ignora as iniquidades sócio-históricas que se fundamentam no gênero, na identidade sexual, na raça/etnia, no pertencimento de classe, entre outros fatores.

Portanto, a discriminação que aqui discutimos atenta contra os princípios da igualdade substantiva, ou seja, de oportunidades de acesso, preconizado pelo paradigma materialista-histórico. Por exemplo, todos os seres humanos devem ter igual acesso à educação e, se assim não acontece, estamos diante de um problema de discriminação.

> **Curiosidade**
> Igualdade formal é o princípio que estabelece que as pessoas são iguais e, por isso, devem ser protegidos de maneira idêntica. É a projeção, no cenário jurídico, do Estado liberal do século XIX e do liberalismo econômico de Adam Smith. Por outro lado, a igualdade substancial é o princípio que constata que as oportunidades que a pessoa dispõe não são iguais e que, por isso, o tratamento jurídico que desconheça estas diferenças será injusto (BRAGA NETTO, 2010).

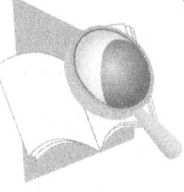

Tendo em vista os princípios de igualdade social, vem sendo proposto internacionalmente um modelo de "discriminação positiva" ou ação afirmativa, conforme a terminologia europeia ou norte-americana, respectivamente. Ou seja, um "conjunto de políticas públicas e privadas, de caráter compulsório, facultativo ou voluntário, concebidas com vistas ao combate à discriminação racial, de gênero e de origem nacional, bem como para corrigir os efeitos da discriminação praticada no passado, tendo por objetivo a concretização do ideal de efetivo acesso a bens fundamentais como a educação e o emprego" (GOMES, 2001, p. 40).

As ações afirmativas consistem, então, no combate às desigualdades de fundo histórico e cultural, estruturantes da perpetuação das iniquidades sociais. Ou seja, importa aí não somente instituir e adotar, no campo normativo, regras que proíbam a discriminação; mas sobretudo promovam a inclusão, por meio de atitudes concretas, "aptas a subtrair do imaginário coletivo a ideia de supremacia e de subordinação de uma raça em relação a outra, do homem em relação à mulher" (GOMES, 2001, p. 44). Ou, como propusera Rui Barbosa (2010, p. 19), em sua célebre *Oração aos moços*, de 1920, "tratar com desigualdade a iguais, ou desiguais com igualdade, seria desigualdade flagrante, e não igualdade real".

> **Curiosidade**
>
> O Código Civil Brasileiro de 2002 é regido por três princípios, quais sejam, a eticidade, a operabilidade e a socialidade. Pela eticidade privilegia-se o pressuposto da boa-fé do cidadão; pela operabilidade, a noção de interpretação para a efetiva aplicação da lei ao caso singular; e pelo princípio de socialidade, o conceito de justiça social, segundo o qual a verdadeira igualdade faculta o tratamento desigual para os desiguais, a fim de garantir um nivelamento de igualdade nas relações civis. Por exemplo, nas relações de consumo, o consumidor é mais protegido que o comerciante.

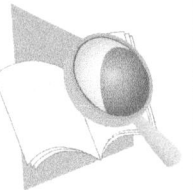

Neste trabalho, sempre tendo como contexto o ambiente escolar, discutimos especialmente os mecanismos de discriminação enquanto tal ou *negativa*, ou seja, as formas de atuação prática do preconceito, lesivas aos direitos humanos. A partir do reconhecimento da realidade da discriminação, pretendemos preparar o educador para intervir propositivamente nessa realidade, transformando-a a partir de argumentos e ações sustentáveis, numa perspectiva inclusivista.

Assim, ainda que saibamos que este trabalho surge a partir de uma política pública maior, que tem como fundamento a discriminação positiva por meio da formação de mentalidades não preconceituosas, restringimos aqui o debate à ação do agente de mudança na esfera do micro, ou seja, à construção de um projeto de intervenção para o combate ao preconceito e à discriminação, a ser desenvolvido pelo professor na escola.

Ora, pensar sobre a escola como instituição produtora e reprodutora dos padrões sociais, legitimadora das relações de poder e dos processos de acumulação de capital, não é novidade. Sendo assim, tal como acontece de maneira mais ampla na sociedade, sexismo, racismo e homofobia fazem parte do cotidiano escolar. Atitudes preconceituosas, discriminatórias, ofensivas, constrangedoras e mesmo práticas violentas com relação a mulheres, negros, pobres, homossexuais, entre outras categorias nas quais se veste o preconceito, se inserem no meio escolar, fazendo com que se tenha que lidar, desde a mais tenra infância, com aquilo que se pode chamar de uma *pedagogia do insulto*, "constituída de piadas, brincadeiras, jogos, apelidos, insinuações, expressões desqualificantes – poderosos mecanismos de silenciamento e de dominação simbólica" (JUNQUEIRA, 2009, p. 17).

Para caracterizar essas atitudes e analisar a correlação delas com o rendimento escolar, a Fundação Instituto de Pesquisas Econômicas (FIPE), em parceria com o Instituto de Estudos e Pesquisas Educacionais (INEP), realizou uma ampla pesquisa entre os anos de 2005 e 2009. Aplicada em 501 escolas dos 27 Estados do território nacional e respondida por 18.599 pessoas, de cinco diferentes públicos da escola,[1]

---

[1] Sendo 15.087 estudantes, 1.004 professores de português e matemática; 501 diretores; 1.005 profissionais de educação; 1.002 pais, mães ou responsáveis, membros do Conselho Escolar ou da Associação de Pais e Mestres (APM).

o foco central desse trabalho foi dirigido a: (1) atitudes que expressam preconceito; (2) distância social indicando comportamento discriminatório; e (3) conhecimento de práticas discriminatórias na escola.

Operacionalmente, foram consideradas 7 áreas temáticas do preconceito, a saber: (1) étnico-racial; (2) gênero: (3) geracional; (4) territorial; (5) orientação sexual; (6) socioeconômica; (7) necessidades especiais. O trabalho buscou também avaliar as percepções sobre preconceito e discriminação, na escola; as situações de violência psicológica e física; e ainda a relação entre preconceito, discriminação e desempenho escolar. A partir de um conjunto de 83 frases relacionadas a tais temas, os respondentes tinham que se posicionar quanto à concordância ou discordância numa escala de tipo *Likert*, de quatro pontos.

> **Curiosidade**
>
> Muito utilizada em ciências humanas e sociais, a escala *Likert* foi formulada pelo pesquisador R. Likert em 1932. A partir de certo número de assertivas e proposições, os participantes da pesquisa devem assinalar a alternativa que expresse melhor sua concordância em relação a elas, numa escala que normalmente varia de 1 (desaprovação total) até 5 (aprovação total), passando ainda pelas opções 2 (desaprovação), 3 (indiferença) e 4 (aprovação). Embora pouco precisa, é uma técnica de pesquisa que oferece como vantagens a fácil aplicação, o fato de ser bastante objetiva em termos da tabulação dos dados e os baixos custos operacionais para o seu uso.

Por exemplo, diante da frase "Os estudantes do campo são mais lentos para aprender", que verificava conceitos ou atitudes preconceituosas em relação ao tema (4), "territorial", os respondentes tinham que se posicionar, escolhendo entre as opções *Discordo* (muito ou pouco) e *Concordo* (muito ou pouco). Todas as frases foram elaboradas a partir de ideias e expressões originadas nos *grupos focais*,[2] realizados durante a etapa qualitativa da pesquisa, o que garantiu que as perguntas fizessem parte do universo cognitivo e cultural dos respondentes em potencial, facilitando a compreensão dos enunciados por parte dos respondentes.

Os resultados da pesquisa mostram que os valores médios de concordância com as afirmações preconceituosas estão entre 20,6% e 38,2%. Ou seja, de maneira geral, os respondentes discordam das afirmações preconceituosas apresentadas no questionário e apresentam um grau relativamente baixo de preconceito diante das 7 áreas temáticas relacionadas. A área temática "gênero" foi a que apresentou maior percentual de concordância (38,2%); o tema "território" foi o que apresentou maior discordância (20,6%) quanto às atitudes preconceituosas. Itens específicos, tais como concordar que deficientes visuais e auditivos estudem em escolas especiais (63,5%) ou concordar que as mulheres são mais habilidosas para as tarefas domésticas (55,7%), apresentaram resultados indicadores de um grau mais elevado de preconceito.

Quanto aos comportamentos discriminatórios, no entanto, a pesquisa revelou que todos os percentuais são superiores a 55%, o que indica uma discrepância entre aquilo que o sujeito pensa e o modo como age. Assim, a discriminação em relação a homossexuais chegou ao índice percentual de 72%, seguido pela discriminação em relação a portadores de deficiência mental (70,9%), ciganos (70,4%), deficientes físicos (61,8%), indígenas (61,6%), moradores de periferia e/ou favelas (61,4%), pobres (60,8%), moradores e/ou trabalhadores de áreas rurais (56,4%) e negros (55%). Ou seja, os respondentes adotam comportamentos discriminatórios ainda que tenham opiniões contrárias em relação a isso.

Com base nesses resultados, os pesquisadores concluem que <u>o preconceito e a discriminação não acontecem de maneira isolada nas escolas, nem afetam apenas um ou poucos</u>

---

[2] A técnica grupos-focais, que será melhor explicada posteriormente.

grupos sociais. Concluem também, por meio de *análise correlacional*, que nas escolas em que os respondentes apresentam maior nível de preconceito em relação a determinado tema, também se observam maiores níveis de preconceito em relação aos demais temas; e que o mesmo é verificado para a distância social e para o conhecimento de práticas discriminatórias. Concluem ainda que, com relação às características dos alunos e sua influência sobre o preconceito, o sexo masculino e a forte participação religiosa são os elementos que mais influenciam positivamente sobre o preconceito e que o que mais influencia negativamente é o fato de o respondente ser preto. Assim, a maior correlação preconceituosa se encontra no cruzamento entre sexo masculino e orientação sexual, indicando que o fato de ser do sexo masculino implica mais probabilidade de ter preconceito quanto ao tema da orientação sexual. Já a maior menor correlação se encontra no cruzamento entre os fatores cor da pele e geracional, indicando que o fato de ser preto(a) implica menos probabilidade de ter preconceito com relação a idosos. Outras correlações entre respondentes e respostas foram feitas, indicando, por exemplo, que mulheres e pessoas mais idosas apresentam tanto atitudes menos preconceituosas quanto comportamentos menos discriminatórios. E que pessoas com outras religiões que não a católica e a evangélica (budistas, espíritas, etc.) apresentam os menores índices de atitudes preconceituosas e comportamento discriminatório.

Finalmente, os resultados da pesquisa indicam há uma *correlação negativa* entre atitudes de preconceito e discriminação, e as notas médias obtidas na avaliação da *Prova Brasil*, nas escolas. A *Prova Brasil* foi criada em 2005 e teve como objetivo complementar as avaliações feitas pelo Sistema Nacional de Avaliação da Educação Básica (SAEB), ao avaliar especificamente os estudantes dos anos finais do ensino fundamental em suas habilidades de Língua Portuguesa (com foco em leitura) e Matemática (com foco na resolução de problemas). Assim, de acordo com essa pesquisa, quanto *maiores* os índices de preconceito observados na escola, *menores* são os resultados obtidos pelos alunos nessa prova.

> **Curiosidade**
>
> A análise correlacional busca entender a incidência dos fenômenos não a partir de uma relação de causa-efeito biunívoca entre os fatores explicativos, mas a partir de um conjunto complexo  de variáveis que influenciam positivamente ou negativamente o aparecimento do fenômeno. Dizemos que há uma correlação positiva quando o conjunto de fatores X influencia favoravelmente o surgimento do problema Y. Ao contrário, quando há uma correlação negativa, quanto mais observarmos a ocorrência de X, menos teremos Y. Há vários programas disponíveis para se fazer a análise correlacional, sendo o SPSS um dos mais conhecidos dentre os pesquisadores.

Os resultados obtidos na *Prova Brasil* foram mais baixos tanto nas escolas onde foi observado maior conhecimento de práticas discriminatórias vitimando professores e funcionários, quanto nas escolas em que os alunos apresentaram maiores índices de preconceito, sendo importante e oportuno que o ambiente escolar possa promover a diversidade, a partir de ações para a disseminação de informações e para a mudança de comportamento principalmente a longo prazo, para a mudança de valores relacionados ao preconceito e à discriminação.

Mudar ou deixar como está?
A temática da mudança social

Resumo

Nesta seção, discutiremos a noção de mudança social, que fundamenta todo projeto de intervenção. Tomaremos como ponto de partida a observação dos conflitos sobre os quais se pretende intervir, que se dá a partir de uma *desnaturalização* do contexto com o qual se lida cotidianamente. Ou seja, de um estranhamento artificial da realidade, a partir de lentes especiais que tornam exótico o familiar e familiar o exótico.

Objetivos

- Discutir a noção de mudança social.
- Discutir a noção de desnaturalização da realidade.
- Caracterizar observação direta e observação indireta como formas de coleta de informações para a construção da problemática sobre a qual se pretende intervir.

Todo movimento de mudança gera algum incômodo. Quem já se mudou de casa, sabe como é. Por mais que se queira mudar, que a casa nova seja maior, mais bonita, mais confortável, mais bem localizada, dá muito trabalho embalar todas as roupas, ver o que não se quer mais, selecionar o que tem valor afetivo, tomar cuidado para não quebrar os objetos frágeis. E, depois, desencaixotar tudo de novo, achar o lugar certo para cada peça, desamassar as roupas, reorganizar as gavetas.

Ora, se a mudança para uma casa nova e desejada já não é fácil, imagine como é difícil mudar valores e condutas que estão arraigados na educação e na cultura e que, às vezes, até consideramos como válidos e legítimos! Valores e condutas com os quais se conviveu desde a mais tenra infância e que causam até certo conforto psicológico.

Então, a **motivação** do agente da intervenção para propor mudanças de atitude, de percepção e de mentalidade relacionadas a temas que envolvem a dignidade dos seres humanos deve ser forte o bastante para não sucumbir às resistências daquelas pessoas ou daqueles grupos que preferem deixar tudo como está.

Por outro lado, sua motivação não deve se sobrepor, de maneira autoritária aos demais membros da comunidade que participam do processo. Ou seja, não se trata de impor um projeto desejado por apenas um sujeito; mas, de expor uma situação-problema de maneira objetiva, apresentando possibilidades reais de superação dos conflitos observados e vividos, com melhoria das condições de vida para todos.

Neste livro, partindo do pressuposto de que estamos suficientemente motivados para propor mudanças de valores e condutas sociais e de que somos capazes de ouvir e respeitar as diferentes opiniões que aparecem neste contexto, buscaremos os instrumentos para a criação de projetos de intervenção sobre a temática da diversidade, em ambiente escolar.

Da observação critica à problematização da realidade

A observação dos conflitos, aqui proposta como um método assistemático de coleta de informações a respeito de algum problema sobre o qual se pretende intervir, pode ser o primeiro passo para problematizar a realidade social.

Definimos aqui duas perspectivas de observação: a indireta ou mediada e a direta ou imediata.

No caso da observação indireta, a perspectiva da neutralidade da observação é resguardada, pois o observador não tem contato com os sujeitos observados. Ele instala, por exemplo, uma câmera invisível no ambiente que pretende observar, a partir da qual vê tudo o que se passa, sem ser percebido diretamente. Assim, certamente os comportamentos são mais genuínos e legítimos, pois os sujeitos agem independentemente das expectativas do pesquisador, que sequer sabem existir.

No entanto, a adoção de tal procedimento certamente incorre em graves dificuldades para aprovação nos *conselhos de ética da pesquisa* com seres humanos, tendo em vista o fato de os sujeitos serem observados sem ter dado o seu consentimento livre e esclarecido para isso. Ou seja, participam de uma pesquisa de maneira involuntária e até "forçada", o que é eticamente inaceitável e juridicamente questionável quanto aos aspectos de privacidade do cidadão.

> **Curiosidade**
>
> Os Comitês de Ética na Pesquisa (CEP) são órgãos consultivos, instalados em universidades ou institutos de pesquisa e têm como objetivo proteger as pessoas participantes de pesquisas envolvendo  seres humanos. São sempre constituídos por profissionais de várias áreas de conhecimento; portanto, são inter e multidisciplinares, e por ao menos um representante leigo da comunidade. Surgiram a partir da Segunda Guerra Mundial, devido aos grandes atentados aos direitos humanos, que aconteceram naquela ocasião, em nome da "ciência" e do eugenismo. No Brasil, são regulados pela Resolução CONEP n.º 196/96.

Já no caso da observação direta, muito mais utilizada nos protocolos de pesquisa e intervenção e aceita pelos comitês de ética na pesquisa, o observador e o observado são colocados em situação de contato direto e consentido. Portanto, não se pode falar de neutralidade, pois o próprio observador está presente e implicado na situação que pretende analisar, tendo inclusive seus pontos de vista sobre o problema e exercendo influência sobre o comportamento dos sujeitos observados.

Em nosso modelo de intervenção, partimos do pressuposto de que o observador faz parte do contexto escolar, ou seja, é professor, é estudante, é diretor ou ocupa outro lugar intrínseco da comunidade escolar. Por isso, vamos dizer que se trata aqui de uma **observação participante**, isto é, uma observação em que a distância frente à realidade circundante é pequena, portanto as situações cotidianas devem ser artificialmente estranhadas. É preciso trazer todos os elementos relacionados à situação-problema, tanto por meio dos debates preexistentes (construção teórica da problemática) quanto pela visão que os atores sociais envolvidos possuem dela (coleta de dados empíricos).

De toda sorte, na observação participante é fundamental fazer anotações relacionadas ao objeto da observação, levando em consideração as características dos sujeitos que se está observando e os componentes do contexto observado. Além disso, é fundamental impor às situações cotidianas um distanciamento, forjando uma espécie de "estranhamento" frente àquilo que antes parecia natural ou familiar. Ou seja, o observador deve passar a ver o seu dia a dia olhos/com um novo olhar/de modo diferente/de outro modo.

> **Curiosidade**
>
> Um autor que explica esse processo de estranhamento da realidade é o antropólogo Roberto da Matta, segundo quem a análise das culturas consiste em transformar o exótico em familiar e o familiar em exótico. Dessa maneira, o observador consegue criar um distanciamento em relação ao objeto observado, ainda que ambos compartilhem das mesmas experiências cotidianas, num movimento que ele chama – como se fosse um ritmo musical – de "*anthropological blues*".

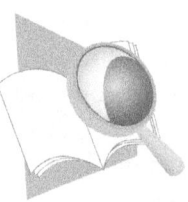

Então, para iniciar um projeto de intervenção, o observador – nesse caso, um participante da comunidade escolar –, deve estranhar o que antes lhe parecia familiar.

Mas como ver o mundo com outros olhos?

Vendo o mundo com outros olhos

"Colocar óculos de Polyanna" é uma expressão que teve sua origem numa leitura quase obrigatória para a formação de garotas em todo o mundo, desde o início do século XX. Trata-se do livro *Pollyana*, que relata a história de uma menina órfã e pobre, que recebeu, por engano, um par de muletas como presente de Natal dos missionários. Sem poder trocar o presente recebido pela boneca que tanto queria, a menina decide criar o "jogo do contente" e, assim, passa a enxergar a realidade por meio de lentes fantásticas, que inicialmente fizeram com que ela se alegrasse por não precisar do par de muletinhas que ganhou; e que depois se tornaram as lentes com as quais Pollyana passou a ver o mundo, sempre numa visão "positiva", otimista da realidade.

> **Curiosidade**
>
> *Pollyana* foi escrito, em 1913, pela estadunidense Eleanor H. Porter (1868-1920). É considerado um clássico da literatura infanto-juvenil do século XX e fez tanto sucesso que a própria autora  escreveu uma continuação para o enredo, *Polyanna Moça*, contando as histórias da protagonista na adolescência. Além de ter inspirado outros autores a escrever novas versões, o livro deu origem a filmes que se basearam na menina pobre e ingênua, com sua visão otimista de mundo. "Colocar óculos de Polyanna" é, portanto, tentar enxergar o mundo sempre em "cor-de-rosa", como se tudo fosse bonito e bom.

Muito criticado por leituras contemporâneas, que vêem veem em Polyanna um símbolo da educação para o conformismo de gênero, a ideia que nos interessa destacar aqui é aquela de "colocar óculos de..." Ou seja, usar lentes especiais para rever a realidade a partir de outro ponto de vista.

No caso de Polyanna, ela passou a usar os óculos de uma pessoa contente (ou conformada) com tudo que acontecesse. Mas aqui pretendemos colocar os óculos da crítica, do inconformismo, da justiça social, da mudança.

Podemos mudar as lentes com as quais enxergamos o mundo e, dessa maneira, passar a estranhar e a questionar cenas antes familiares do nosso cotidiano. O fato é que a percepção da realidade – tanto quanto a própria realidade –, é uma construção e o modo como enxergamos o mundo não nos é dado como um *a priori* que se impõe a nossos sentidos.

Colocar as lentes para desinvizibilizar e passar a enxergar os conflitos relacionados com a diversidade em ambiente escolar, deve ser o primeiro passo para propor um projeto de intervenção sobre esta temática.

Para tanto, é importante estarmos atentos a esta questão no dia a dia, ouvindo comentários dos colegas, lendo e pesquisando sobre o tema, acompanhando as notícias veiculadas pela mídia sobre por exemplo uso do "nome social" nas escolas, a adoção de cotas raciais nas universidades públicas, sobre as diferenças de salários entre homens e mulheres, etc. O conhecimento de conceitos relacionados ao tema também é de extrema importância, pois a capacidade de nomear os conflitos é fundamental.

Passar a observar a realidade de maneira crítica e distanciada, e desnaturalizá-la, é de fundamental importância para o processo de intervenção que se pretende construir.

Somente quando observamos criticamente a realidade social, podemos querer mudá-la. Daí, o planejamento do projeto de intervenção.

O projeto de intervenção

Resumo

Nesta seção apresentaremos as etapas para a criação de um projeto de intervenção, incidindo sobre o preconceito e a discriminação em ambiente escolar. Destacamos a importância de restringir objetivamente uma determinada situação-problema a ser combatida ou mitigada, por meio de ações direcionadas para tal finalidade. Destacamos, ainda, a importância do envolvimento dos atores da comunidade escolar no referido projeto e a necessidade de estabelecer, a partir de um marco-zero, que indica de onde partimos, os indicadores que demonstrem a efetiva mudança ocasionada pela intervenção proposta.

Objetivos
- Conceituar projeto de intervenção.
- Apresentar as etapas de um projeto de intervenção sobre a temática do preconceito e da discriminação em ambiente escolar, desde a identificação do problema até as estratégias de monitoramento e avaliação, passando pela elaboração do projeto e pelas estratégias de implementação.

Chamamos de *projeto de intervenção* a um conjunto articulado de ações e pessoas motivadas para o alcance de um objetivo comum, a partir de uma justificativa plausível, por meio de estratégias previstas, num tempo determinado (início, meio e fim), com recursos limitados e sob constante supervisão. Todo projeto de intervenção se configura ainda como uma proposta de **mudança social**, que pode se concretizar de diferentes modos, por exemplo, na melhoria dos resultados escolares, na redução da evasão escolar, na diminuição dos índices de violência ou na eliminação da discriminação na escola, no aprimoramento dos métodos e recursos pedagógicos, dentre outros resultados esperados. Trata-se sempre de propor àquela instituição, àquela organização ou àquele grupo que equacione seus anseios e seus conflitos, num processo de reelaboração dos discursos vividos pelos sujeitos, dando lugar a um novo modo de pensar, de viver e de sentir a realidade, tornando-a mais satisfatória para todos os participantes do processo.

Assim, importa destacar que, em qualquer processo de mudança social, tendo em vista os valores, as ideologias e os interesses em jogo, encontramos pessoas e grupos sociais com opiniões e posturas favoráveis e contrárias ao processo como um todo ou a algumas ações dele. Ou seja, ao longo de todo e qualquer projeto de intervenção, independentemente da temática com a qual estamos lidando, vemos surgir reações de apoio ou de rejeição, de adesão ou de resistência, motivadas pela solidariedade, pela ideologia, pelo comodismo, pela desconfiança, pelos preconceitos, pela rivalidade e pelas disputas de poder.

Portanto, quando se vai implementar um projeto de intervenção, é fundamental estar convicto da necessidade de mudança, motivado pela relevância do tema, entusiasmado pelas ações propostas e cheio de paixão pelo desafio de levar a termo o projeto de intervenção que se pretende empreender. É também fundamental estar preparado para convencer os outros atores de que o problema sobre o qual se quer intervir existe, exemplificando situações concretas nas quais ele se manifesta e estabelecendo assim uma *situação-problema*, ou seja, o foco da intervenção, uma delimitação capaz de transformar uma realidade que é complexa, numa situação simplificada e com a qual conseguimos lidar.

É importante ainda destacar que, em termos de sua estruturação interna, o projeto deve ter um **título** que expresse de maneira clara e concisa o tema da intervenção, uma **apresentação**, que descreva em linhas gerais a proposta que se irá detalhar ao longo da redação e um **resumo executivo**, que sintetize as principais ideias, entre as quais a identificação do proponente da intervenção e seus parceiros, os objetivos gerais e específicos, o público-alvo e as ações ou estratégias de implementação. Esses três itens configuram-se como um cartão de visita do projeto, a partir do qual qualquer pessoa pode ter uma noção daquilo que estamos propondo. Sugere-se que tais itens sejam elaborados ao final da redação do projeto, apesar de se localizarem nas suas primeiras páginas.

Finalmente, o projeto de intervenção deve comportar um conjunto de fases ou etapas, que buscam mudar a realidade da situação-problema, entre as quais se destacam:

1. Identificação e tipificação da situação-problema:
   - Coleta de dados, árvore de problemas;
   - Mapeamento das potencialidades e fragilidades;
   - Análise dos ambientes interno e externo.
2. Planejamento do projeto de intervenção:
   - Construção da visão institucional;
   - Formulação de objetivos geral e específicos.
3. Elaboração do plano de implementação.
4. Estratégias de monitoramento e avaliação.

A seguir, iremos descrever todas essas etapas, tentando sempre aproximar a explicação de uma proposta de projeto de intervenção sobre a temática da diversidade na escola.

Identificação e tipificação da situação-problema

Trata-se de uma fase preliminar, ou seja, anterior ao processo de redação do projeto de intervenção propriamente dito.

Conforme já definimos, a *situação-problema* delimita o foco da intervenção e transforma uma realidade, que é complexa, numa situação simplificada e com a qual conseguimos lidar. Portanto, um projeto de intervenção pode partir exatamente de uma fase de análises do contexto, a fim de identificar e delimitar a situação-problema a ser enfrentada; além disso, construir uma compreensão ampla do meio em que estamos inseridos e com o qual estamos lidando por ocasião da intervenção.

Durante essa fase, três momentos são previstos: (1) coleta de dados documentais e empíricos/elaboração de uma árvore de problemas; (2) mapeamento das condições favoráveis e desfavoráveis; (3) análise dos ambientes interno e externo. Vamos a eles:

Momento 1 - Coleta de dados

Para o reconhecimento do campo (contextualização) e identificação da situação-problema, é necessário passarmos por um momento de coleta e sistematização de dados empíricos, bibliográficos e documentais pertinentes e relacionadas ao tema da intervenção.

O levantamento bibliográfico e documental deve ser o mais exaustivo possível, pois incidirá sobre o desenvolvimento de todas as etapas posteriores, especialmente sobre a visão da mudança organizacional pretendida. Livros, artigos científicos e da mídia popular, fotografias, filmes, documentários, relatórios e dados estatístico. Todo esse material deve ser pesquisado a partir de palavras-chave suficientemente precisas e relacionadas à temática da intervenção. Um especialista na área de tratamento da informação, por exemplo, o bibliotecário da escola, poderá ajudar na identificação dessas palavras e das bases de dados disponíveis.

De posse de todo esse material, o facilitador da intervenção fará uma síntese pessoal, por escrito, buscando evidenciar os principais aspectos e os diferentes pontos de vista sobre a questão, de maneira a se familiarizar com os debates empreendidos no campo teórico-conceitual.

Para a coleta de dados empíricos, algumas técnicas podem ser utilizadas, dentre as quais citamos:

- **Grupo focal:** É uma técnica de coleta de dados qualitativos, interessante para trabalhar com conflitos ou necessidades pouco explicitadas, com as quais o sujeito isolado possivelmente teria maior dificuldade em lidar. Por meio dela um moderador (que pode ou não ser o facilitador da intervenção) propõe debates em grupos de aproximadamente 10 pessoas, com uma margem de no mínimo 8 a no máximo 15 participantes. O objetivo dos debates é revelar experiências, sentimentos, percepções e preferências acerca de temas previamente definidos num roteiro básico. A interação e a troca de experiências entre os participantes são fatores a ser explorados pelo moderador, no sentido de um maior aprofundamento dos temas. O papel do moderador é dinamizar o grupo no sentido promover a participação de todos, evitando tanto a monopolização da fala por alguns quanto a ausência de interlocução por outros. Ao mesmo tempo, o moderador deve se guiar pelo roteiro de temas a ser tratados, sem se prender excessivamente a ele, ou seja, ficando também atento aos assuntos inesperados que surgirem e evitando a excessiva dispersão em torno de falas não pertinentes, redundantes e que ocasionem uma banalização dos debates. Para a técnica de grupos focais, é importante ainda a colaboração de um segundo facilitador, a fim de observar as reações do grupo aos temas tratados, fazendo anotações ao longo dos debates.

A técnica de grupo focal tem, em favor de seu uso, o baixo custo, a rapidez na coleta dos dados, o caráter exploratório dos temas a ser debatidos, a flexibilidade do moderador para introduzir novas perguntas e o aspecto de colaboração ou solidariedade grupal, que faculta a fidegnidade dos dados obtidos. Por outro lado, tem contra si a possibilidade de manipulação dos debates, seja por parte do moderador, seja por parte de algum participante do grupo, o que pode comprometer a qualidade dos dados obtidos. E a relativa dificuldade de organização dos dados, muito mais complexa, por exemplo, que numa tabulação de dados de um questionário.

Em termos práticos, o facilitador da intervenção pode, por exemplo, propor um debate com um grupo de alunos a respeito de temas da diversidade. Selecionar casos de homofobia, racismo ou violência de gênero em jornais e perguntar a opinião dos estudantes sobre tais relatos, desenvolvendo, a partir daí, um debate semiestruturado, com base no roteiro prévio de questões elaborado. Ou com a diretoria e alguns docentes, propor reuniões em que se faz uma rodada de informativos acerca das manifestações de preconceitos observadas no ambiente escolar e se discute a percepção do grupo acerca do problema.

- **Questionários:** A fim de conhecer as concepções dos estudantes sobre as manifestações de preconceito no ambiente escolar, o professor pode elaborar e aplicar um questionário rápido com questões como:
  (a) O que você entende por preconceito?
  (b) Já sofreu qualquer tipo de preconceito?
  (c) Foi no ambiente da escolar, na família ou nos ambientes que freqüenta?
  (d) Que tipo de preconceito? Como se sentiu?
  (e) Quais são os tipos de preconceito que você tem?
  (f) Quais são os preconceitos que considera críticos?
  O questionário pode indagar ainda sobre a valorização ou a desvalorização da diversidade, na escola.

- **Entrevistas:** Baseadas em um roteiro de questões previamente formulado e que pode ser rígido (semidiretivas) ou flexível (não-diretivas), as entrevistas coletam dados a partir de uma espécie de conversa guiada entre entrevistador e entrevistado. Geralmente gravadas por instrumento de áudio e/ou vídeo, ou ao menos registradas manualmente, as entrevistas têm como grande atributo trazer à tona informações inéditas, numa lógica especulativa de coleta de dados. O estabelecimento de uma relação interpessoal baseada na confiança é um critério fundamental para a validade do material coletado. Como em toda interação entre duas pessoas, a situação de entrevista é marcada por elementos da cultura e da sociedade. Por exemplo, as diferenças de idade entre os participantes, de gênero, de classe social, de inserção institucional, etc. podem influenciar a livre expressão do entrevistado, portanto a sua construção discursiva. Tais elementos devem ser anotados para fins de análise.

  Estudo de caso: Geralmente feito a partir de entrevistas "em profundidade", o estudo de caso tem um viés clínico, ou seja, busca escutar o sujeito em sua singularidade, a partir de um *back-ground* teórico e conceitual. Por exemplo, quando foi fazer um estudo sobre as condições de surgimento da miséria social na França o sociólogo Pierre Bourdieu trabalhou especificamente com estudos de caso de subproletários, artesãos, desempregados, imigrantes.

> **Curiosidade**
>
> Pierre Bourdieu (1930-2002) foi um dos mais importantes sociólogos franceses do século XX. Seus conceitos de *habitus*, campo, capital cultural e violência simbólica têm ampla aceitação para os estudos sobre a reprodução da desigualdade social e a dominação das elites econômicas. O papel da escola nesse processo foi um dos seus principais objetos de reflexão.
>
>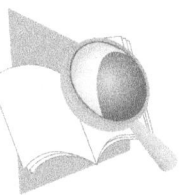

Os dados coletados devem ser registrados e sistematizados para a construção de uma **"árvore de problemas"**, ou seja, um instrumento que considera o foco dos elementos da situação-problema, para estabelecer relações de causa e efeito entre eles.[3]

Estamos nos referindo, durante todo este livro, ao *"preconceito e à discriminação no ambiente escolar"*. Para iniciar a construção da árvore de problemas sobre essa problemática, devemos destacar a **situação-problema** – que, conforme já dissemos, é o cerne da questão, ou seja, o problema central com o qual conseguimos lidar de maneira objetiva – e colocá-la no tronco da árvore. Nas raízes da árvore, colocamos as causas do problema central e é nessa área que o projeto de intervenção irá incidir mais objetivamente. Nos seus galhos, são colocados os problemas derivados, impactos ou efeitos da situação-problema. Horizontalmente, ou seja, nas raízes ou nos galhos, a localização inicial ou final dos elementos da

---

[3] Baseado no método de ZOOP, desenvolvido pela Sociedade Alemã de Cooperação Técnica (GTZ), com base no planejamento de projeto orientado por objetivos (anos 80).

árvore não pressupõe uma hierarquia ou grau de importância dos mesmos.

A seguir apresentamos um exemplo de árvore de problemas.

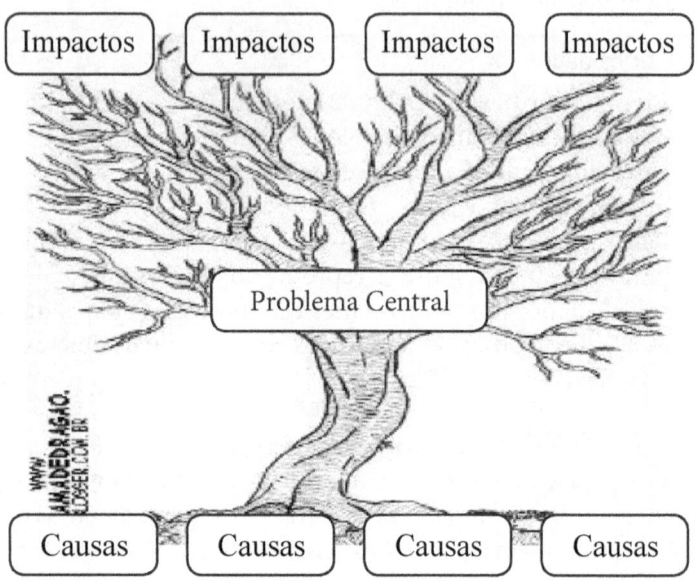

FIGURA 1 – Esboço de construção de uma árvore de problemas (método ZOOP)

A descrição objetiva de cada elemento da árvore de problemas deve ser ilustrada com os dados da observação documental e empírica. A seguir, a título especulativo, apresentamos um exemplo de construção de uma árvore de problemas a partir da situação-problema "elevado índice de preconceito e de práticas de discriminação na escola".

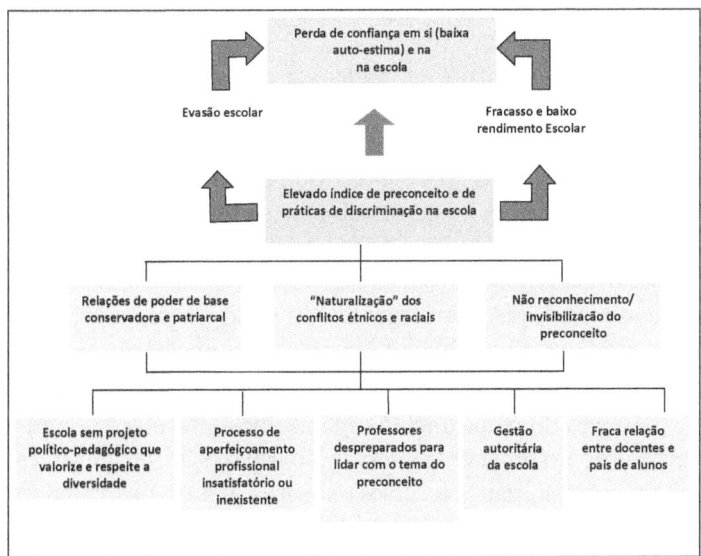

FIGURA 2 – Exemplo de árvore de problemas (método Zoop)

A partir da identificação e da tipificação da situação-problema, por meio dos dados coletados e do esboço de uma "árvore de problemas", podemos construir também uma **"árvore de objetivos"**, na qual são esboçadas as soluções desejadas para os problemas apresentados nas raízes e a visão de futuro dos impactos dessas soluções. Assim, por exemplo, teremos nas raízes "Promover um processo de aperfeiçoamento profissional sobre a temática da diversidade", "Democratizar os processos gestionários da escola" e, ainda, "Fortalecer a associação de pais e mestres". Nos galhos, por sua vez, encontraremos "Redução do índice de evasão escolar" e "Melhoria dos resultados no Provão 2010".

Após a identificação e tipificação da situação-problema, por meio dos dados coletados e da elaboração de uma árvore de problemas e, talvez, de uma árvore de objetivos (opcional), partimos para o mapeamento de condições favoráveis e desfavoráveis e, em seguida, para as análises dos ambientes interno e externo do contexto da intervenção. Todos esses momentos se inserem na compreensão da problemática e são anteriores à fase de redação do projeto de intervenção propriamente dito.

*Momento 2 - Mapeamento das potencialidades
e das fragilidades*

O **mapeamento** é uma técnica que procura identificar todo o sistema de forças que atuam sobre e na situação-problema identificada e tipificada. Ou seja, o conjunto de **agentes** (atores sociais e grupos de interesse), **recursos** (aspectos materiais e financeiros existentes ou passíveis de captação) e **condições** (políticas públicas, ideologias, moral social), favoráveis ou desfavoráveis, positivas ou negativas, pró-ativas [proativas] ou conservadoras, convergentes ou divergentes, capazes de exercer alguma influência para a operacionalização do processo de mudança.

Através do mapeamento organizamos informações para a construção do projeto de intervenção capazes de integrar os esforços, potencializar os recursos e sinalizar as áreas de fragilidade ou contrárias ao desenvolvimento do processo de intervenção.

Mapeamento
(Organização de informações para)
\# Integração e potencialização dos recursos disponíveis
\# Localização das fragilidades ou oposições

Quando identificamos agentes da comunidade escolar sensíveis ao tema da diversidade, bem como políticas públicas enfocando cidadania e direitos humanos, uma organização de pais e mestres colaborativa e organismos como ONGs atuando na escola, estamos num contexto/numa situação bastante favorável para a implantação de um projeto de intervenção sustentável sobre o tema da diversidade, no ambiente escolar. Com certeza, poderemos avançar mais rapidamente rumo à mudança pretendida.

Se, ao contrário, encontramos agentes ou lideranças preconceituosas, docentes desmotivados e sem estímulo para participar de programas de capacitação sobre a temática da diversidade, bem como a inexistência de políticas públicas educacionais que enfocam a inclusão e o combate à discriminação, mapeamos um território bastante hostil ao processo de intervenção e temos que partir praticamente do zero para proceder à intervenção, o que dificulta muito o avanço das iniciativas relacionadas ao tema.

1. Para fazer o mapeamento das condições favoráveis e desfavoráveis, devemos observar alguns tópicos por meio de questões que fornecem informações acerca dos agentes, das condições e dos recursos e relacionados ao tema do projeto de intervenção. Quanto aos agentes:

- Formação de opinião para promover mudanças conceituais sobre o tema, tais como professores, lideranças comunitárias, autoridade religiosa, profissionais de ONGs, técnicos do setor privado. (Há dirigentes sensíveis à implantação de iniciativas nessa área temática na escola? Há lideranças influentes, ou seja, pessoas com características de protagonismo social, que mobilizem ações favoráveis sobre o tema? Há lideranças dispostas e aptas para colaborar no processo? Quem são essas pessoas?).

- Atuação direta em projetos de intervenção na área de diversidade, para desenvolver pesquisas e influenciar na melhoria das relações interpessoais e redução do preconceito no ambiente escolar. Organizações que promovem estudos, pesquisas, levantamentos sobre o tema. (Há um aparato conceitual para consubstanciar argumentos que motivem o debate sobre o tema? Onde se pode localizar? Há agentes que atuam com ações educativas contra o preconceito? Quem são eles? O que fazem?)

2. Quanto aos recursos:

- Instrumentos e meios de comunicação para identificar e desenvolver instrumentos e meios de comunicação para ações educativas, sensibilizar e mobilizar públicos-alvo no entorno da escola, além de divulgar mensagens e mecanismos para a mudança de atitude quanto à diversidade. Promoção da troca de experiências entre diversos segmentos no entorno do ambiente escolar, para oferecer oportunidade de troca de experiências nas temáticas de atuação do projeto de intervenção. (Há meios que comunicação que se interessam

e dão cobertura sobre matérias ligadas ao tema em questão? Jornal da escola, do bairro? Rádio comunitária? Esses meios de comunicação podem difundir as ações do projeto e ampliar o nível de informação circulando sobre o tema?).
3. Quanto às condições:

- <u>Políticas institucionais e/ou públicas</u> para gerar esforço compartilhado para a participação efetiva na proposição de padrões de conduta na área de diversidade, reunindo potenciais e influentes atores institucionais. Projetos e programas de governo, de ONGs, do setor privado, campanhas locais, estaduais e nacionais. (Há políticas púbicas relativas a esse tema? Há legislação especifica que trate da questão? O projeto político-pedagógico (PPP) da escola contempla ações relacionadas à área temática da diversidade?).

Com base nos dados coletados é feito o mapeamento, que comporta os seguintes itens:

a) Mapeamento das potencialidades

Identificação das parcerias, isto é, do conjunto dos agentes ou ações já existentes no sistema em que se vai trabalhar, que dão bons resultados e apoiam a intervenção, bem como de tudo aquilo que existe em estado incipiente e deve ser fortalecido, conquistado ou adquirido ao longo do processo.

É muito importante identificar se há parcerias no ambiente onde se dará o trabalho. Projetos de intervenção sem parceria tendem a fracassar. Para intervir na escola, por exemplo, é fundamental fortalecer ou estabelecer parcerias com as lideranças docentes e estudantis, associação de pais de alunos, direção escolar, ONGs, o governo local e formadores de opinião, entre outros, a fim de desenvolver uma relação de confiança e cooperação dos atores entre si e deles frente ao trabalho que se inicia.

b) Mapeamento das fragilidades

Identificação dos agentes, dos recursos e das condições frágeis ou desfavoráveis para a intervenção, ou seja, das resistências que exercem influência negativa e precisam ser vencidas ou contornadas durante a intervenção.

Como dissemos acima, é importante perceber se o diretor da escola é refratário e conservador, se a associação de pais e mestres é desorganizada e inoperante, se um grupo de estudantes homofóbicos tem ingerência sobre o ambiente escolar, etc. É muito importante que todos esses fatores, que exercem influência negativa sobre a intervenção, sejam percebidos e localizados.

Momento 3 – Análise dos ambientes interno e externo

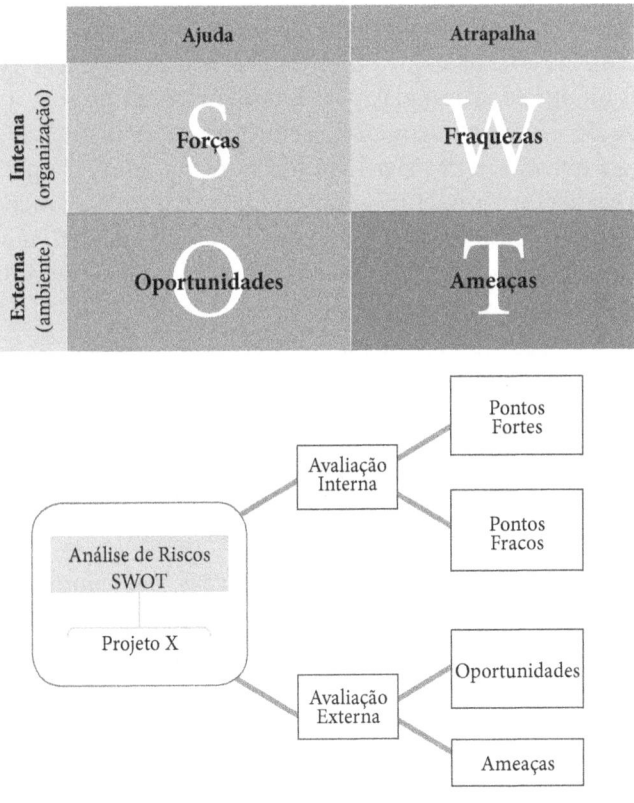

Análises do ambiente interno (pontos fortes e pontos fracos)
X
Análises do ambiente externo (oportunidades e ameaças)

No momento 1, foi realizada uma análise da situação-problema, relacionada diretamente com a questão do preconceito no ambiente escolar. Identificou-se, assim, que o problema a ser enfrentado é o "elevado índice de preconceito e de práticas de discriminação, na escola". No momento 2, mapeamos todas as forças, positivas ou negativas que incidem sobre a situação-problema.

Agora vamos analisar as condições favoráveis e desfavoráveis dos ambientes interno e externo, a partir de um método bastante simples, que pode ser usado em diferentes contextos sociais e que objetiva a identificação e a seleção das melhores estratégias para a mudança cultural da organização escolar. Esse método se inspira na análise SWOT – sigla que em inglês significa forças (*Strengths*), fraquezas (*Weaknesses*), oportunidades (*Opportunities*) e ameaças (*Threats*). Trata-se do método de análise situacional, muito utilizado por órgãos de governo na implantação de políticas públicas.

A análise SWOT trata dos seguintes elementos:

1. **Forças:** São variáveis internas, controláveis, que propiciam uma condição favorável para atingir os objetivos do projeto.
2. **Fraquezas:** São variáveis internas, controláveis, que provocam uma situação desfavorável que fragiliza a consecução dos objetivos do projeto.
3. **Oportunidades:** São variáveis externas, não controláveis, que podem criar condições favoráveis para a execução do projeto, desde que haja/existam condições e interesse de aproveitá-las.
4. **Ameaças:** São as condições externas, não controláveis, que podem prejudicar o projeto. E podem criar condições desfavoráveis para o projeto.

Análise do ambiente interno

Por ambiente interno, entendemos a delimitação da área endógena de produção do fenômeno. Essa delimitação ocorre/acontece não apenas na dimensão territorial, mas também na dimensão cultural, psicossocial, histórica, econômica e política, entre outras.

A análise do ambiente interno consiste em identificar os pontos fortes (potencialidades) e os pontos fracos (fragilidades) que incidem sobre a situação-problema.

Os pontos fortes são as capacidades internas ao grupo, organização ou instituição, que podem ser usadas para promover a intervenção. Os pontos fracos são as características do ambiente interno que desfavorecem a qualidade da intervenção.

A fim de analisar as forças existentes para o projeto de intervenção, é importante pensar nas respostas a algumas perguntas, como: O seu projeto tem características únicas? Quais? O que torna o seu projeto diferente de outros? O que faria um financiador escolher o seu projeto em lugar de outro? O que no projeto levaria a comunidade-alvo a apoiá-lo? O que faz você se sentir forte e engajado como líder ou participante desse projeto? Há/Existem profissionais especializados no tema? Há recursos diversos disponíveis? Há predisposição da escola para a implementação do projeto? A diretoria da escola apoia o projeto? Existe um código de conduta (PPP da escola) que favorece a implementação das ações do projeto? A escola tem relações fortes e relevantes para apoiar o projeto? Os alunos têm interesse no assunto?

Quanto à análise das fraquezas, ela se reflete sobre as fragilidades que podem afetar os resultados almejados pelo projeto. Aqui se pode também tentar responder as seguintes questões: Existem procedimentos no projeto que ainda podem ser melhorados mesmo depois do seu início? Que tipo de avaliação e desafio estarão permanentemente dificultando a realização do projeto? Em que pontos/aspectos projetos concorrentes ou semelhantes são melhores do que o seu? Há projetos parecidos que você conhece e que já tentam atingir o mesmo segmento da escola? Qual a força deles? Quais são as fraquezas da estrutura político-institucional que podem afetar o projeto de forma negativa?

As forças identificadas devem ser utilizadas para potencializar ações para reduzir as ameaças que o projeto pode enfrentar na tentativa de promover mudanças no contexto em questão. As fraquezas devem ser superadas para aumentar a capacidade de intervenção, ou seja, ações devem ser executadas para solucionar essas fragilidades.

Depois de trabalhar na análise das forças e das fraquezas, é importante elaborar uma escala para avaliar a intensidade da influência de cada uma das forças e das fraquezas (variáveis) discutidas, como no Quadro 1.

QUADRO 1
Avaliação das forças e das fraquezas e o grau de importância das variáveis

Variáveis	Forças	\multicolumn{3}{c}{Grau de importância das variáveis}				
		A	M	B	Fraquezas	A	M	B
Capacidade e competência técnica	Presença de grupo de professores militantes do movimento negro.				Baixo nível de engajamento nas ações de capacitação.			
	Competência técnica e experiência para o desenvolvimento do projeto de intervenção.				Maioria de professores despreparados em relação ao tema da diversidade.			
	A escola promove semestralmente encontros de pais e mestres.				Baixa qualidade da avaliação das ações de capacitação.			

	Forças			Fraquezas		
Recursos Diversos	A escola conta com materiais audiovisuais para ações de sensibilização e capacitação sobre o tema da diversidade.			Escola não conta com um processo de avaliação de desempenho.		
	Escola trabalha com ações de captação de recursos para projetos e sensibilização e mobilização.			Baixo nível de organização dos recursos existente com ações efetivas de intervenção.		
Políticas e Processos	A escola tem um protocolo de políticas e processos para lidar com a questão da diversidade.			Informações das pesquisas não são utilizadas para capacitação.		
	Diretoria da escola preocupada com o tema do preconceito racial.			Baixo fluxo de comunicação entre a diretoria e professores.		
	Gestão comprometida com valores éticos democráticos e humanitários.			Poucos docentes conhecem o protocolo de políticas e processo sobre a diversidade.		

Legenda: A = Alto, M = Médio e B = Baixo.

Observa-se no Quadro 1 que há um elevado índice de forças que podem contribuir para a superação das fraquezas e potencializar ações para trabalhar as ameaças e aproveitar as oportunidades que veremos na seção seguinte.

Análise do ambiente externo

O ambiente externo pode ser entendido como o conjunto de condições distais que, não estando sob o controle direto do agente facilitador da intervenção, é capaz de intensificar ou reduzir a situação-problema. Para efeito do planejamento dessa intervenção, identificamos como ambiente externo tudo o que, estando fora da escola, exerce influência sobre a questão do preconceito e da discriminação no ambiente escolar.

Em seguida é feita a análise do ambiente externo, com base na qual são identificadas as ameaças e as oportunidades relativas ao tema enfocado pelo projeto.

Constituem ameaças todas as situações que acontecem no meio externo e que, se não estiverem sob controle direto do agente de intervenção, intensificam o problema. Por exemplo, o mito da igualdade racial presente na sociedade brasileira, que funciona como uma ideologia pacificadora do preconceito e da segregação. O facilitador da intervenção, ao fazer o planejamento do processo, pode agir sobre as ameaças por meio de ações locais que, secundariamente, podem exercer influência sobre as ameaças.

Já as oportunidades se caracterizam como o conjunto de fatores que, sendo externos e independentes do controle do agente facilitador da intervenção, podem ser utilizados para reduzir a situação-problema. Por exemplo, a existência de políticas públicas afirmativas.

Para a análise das oportunidades, podemos tentar responder a questões como: Onde estão são oportunidades que seu projeto pode utilizar? Quais são elas? Quais são as novas tendências, demandas, preocupações relacionadas ao tema em questão que devem ser consideradas? Que desdobramentos futuros o projeto pode ter, se ele der certo? Que outros projetos na comunidade ou que você conheça poderiam ser articulados para uma cooperação com o seu? Há qualquer rede educativa que pode compartilhar meios para a sensibilização e mobilização para o tema? Existem/Há políticas e programas de governo favoráveis? Quem são os seus parceiros?

Existem recursos que podem ser alavancados para ações do seu projeto? Conhece formadores de opinião que podem participar efetivamente do projeto? Essas informações podem ser levantadas no mapeamento, como já mencionado no processo de intervenção.

Para facilitar a análise do ambiente externo, refletimos acerca de algumas questões norteadoras relevantes para o planejamento do projeto. Para as ameaças colocamos as seguintes questões: Que forças externas ou fatores dificultam a realização do seu projeto no âmbito da escola? A escola tem contatos com outras instituições com as quais estabelece colaboração ou participação (governo, ONGs, associações, entidades, lideranças)? Há alguma relação de conflito nas relações interinstitucionais? Há políticas ou mudanças políticas que podem dificultar a implementação do projeto? Que condições gerais podem afetar o projeto? Há qualquer tipo de resistência no que diz respeito ao trabalho de valorização da diversidade?

As informações coletadas durante o mapeamento podem subsidiar a análise das variáveis do ambiente externo (oportunidades e ameaças) para a reflexão nas dimensões recomendadas para análise, tais como:

a) Dimensão técnico-científico-conceitual

Verificar a aceleração das mudanças tecnológicas, orçamentos para pesquisa, legislação sobre tecnologia, tecnologias de informação e comunicação e novos padrões de interação. Nessa dimensão podemos encontrar, por exemplo, o poder das estratégias de comunicação e *marketing* que influenciam positiva ou negativamente o seu projeto de intervenção. Pergunta-se: há campanhas publicitárias sendo veiculadas sobre o tema do preconceito? (Lembramos aqui uma propaganda da Fiat Automóveis: "Você tem que mudar os seus conceitos", em que se questionava o racismo ao colocar uma mulher com um bebê no banco de trás, conduzida por um homem negro – supostamente um motorista = preconceito – e que na verdade era o marido/dono do carro.

b) Dimensão política e legislativa

Reconhecer as influências da legislação brasileira de direitos humanos e as políticas públicas (cotas para negros, por exemplo) que são elaboradas. Também é importante saber das influências dos acordos internacionais de direitos humanos. O trabalho aqui é identificar, dentro dessa dimensão, o que pode ser considerado uma oportunidade ou uma ameaça para o projeto de intervenção.

c) Dimensão financeira

Existência e disponibilização dos recursos diversos (técnicos, financeiros, físicos, tecnológicos, etc.). A ideia aqui é identificar as oportunidades para apoiar o projeto ou as ameaças ao projeto. A priorização na disponibilização de recursos para determinada área em detrimento do projeto de intervenção pode ser uma ameaça ao seu projeto.

d) Dimensão psicossocial e cultural

As relações sociais, as resistência em relação aos valores culturais centrais, hábitos e perfis pessoais, individualidade das pessoas, consumo consciente e responsabilidade social. O mito da igualdade racial, por exemplo, é uma ameaça poderosa, dentro dessa dimensão, para o projeto de valorização da diversidade no ambiente escolar.

e) Dimensão político-institucional

Tem a finalidade de identificar a oportunidade de integração de esforços e recursos ou conflitos que podem ser considerados ameaça ao sucesso do projeto. As questões importantes aqui são: quais são as organizações que atuam com o tema em questão? Que programas ou projetos desenvolvem que convergem com o projeto de intervenção? Que ameaça as relações interinstitucionais podem trazer para o seu projeto?

QUADRO 2
Avaliação das oportunidades e das ameaças -
Grau de importância das varáveis

Avaliação do grau de importância das variáveis							
Variáveis	Oportunidades	A	M	B	Ameaças	A	M	B
Tecnológica	Tecnologias de ONGs diversas, potencial de parceria.				Baixo investimento em capacitação de professores em tecnologias de intervenção no tema diversidade.			
Política e legislativa	Programa nacional de incentivo ao livro didático com uso de temas que combatem o racismo.				Repercussão negativa na comunidade do entorno que pode gerar conflitos internos durante o projeto de intervenção.			
	Reorientação da Política Educacional do Estado propiciando o projeto de intervenção.				Não chegam às escolas recursos para programas educativos na área de diversidade.			
Cultural e social	Existência de movimentos diversos em defesa da diversidade.				Mito da igualdade racial.			
	Associação de moradores do entorno com código de ética que valoriza a diversidade.				Pais de estudantes não reconhecem a existência de preconceito.			

Dimensão	Oportunidade	A	M	B	Ameaça	A	M	B
Financeira	Recursos financeiros governamentais para o desenvolvimento de programas.				Morosidade na viabilização em tempo hábil dos recursos necessários para o projeto.			
	Recursos diversos de governo, organismos internacionais e ONGs.				/Falta de /Não prioridade na inclusão de categoria de diversidade nos orçamentos institucionais.			
Político Institucional	Convergência dos movimentos sociais na defesa de direitos e com o projeto de intervenção.				Pouco envolvimento de outros órgãos do governo no projeto de intervenção.			
	Prefeituras articuladas com os programas do governo estadual.				Baixo nível de relacionamento das ONGs com a escola.			
	Realização das conferências estaduais e nacionais em favor da reafirmação de direitos.				Relacionamento distante com atores na comunidade do entorno da escola.			

Legenda: A = Alto, M = Médio e B = Baixo.

O reconhecimento e a avaliação das oportunidades e das ameaças dentro dessas dimensões são importantes para a construção do projeto de intervenção, pois vai subsidiar a construção de objetivos e metas com base num cenário sistematicamente analisado.

Depois de levantadas as ameaças e as oportunidades presentes no ambiente interno onde ocorre a situação-problema, fazemos a análise em escala, atribuindo um grau de importância a cada variável. Dessa forma, quando percebemos uma força/ potencial, devemos destacá-la; quando percebemos uma fraqueza/oposição, devemos agir para controlá-la ou tentar minimizar o seu efeito. Já o ambiente externo está totalmente fora do controle da escola. Isso não significa que não seja necessário conhecê-lo. Embora não possamos controlar as ameaças, podemos monitorá-las, buscando aproveitar as oportunidades da maneira mais eficiente.

Para entender como desenvolver objetivos para potencializar a análise, apresentamos um exemplo, utilizando uma variável, já mencionada nos exercícios anteriores.

AMBIENTE EXTERNO		AMBIENTE INTERNO	
		Forças	Fraquezas
	Oportunidade	Estabelecer Mecanismos para potencializar as capacidades e competências internas.	Capacitar o corpo docente para a temática da diversidade no ambiente escolar
		Disponibilizar informações em tempo real para nivelar conhecimentos sobre condutas e políticas da escola	Aperfeiçoar a de troca de conhecimentos e habilidades para nivelar a competência da escola no tema.
	Ameaças	Participar efetiva nos programas da temática de diversidade governo.	Estabelecer relações para o projeto para compartilhamento de recursos tecnológicos
		Construir proposta compartilhada com atores afins para trabalhar o mito da igualdade	Desenvolver estratégias para estreitar relações com agentes afins (comunidade, família, órgão de governo, ONGs)

FIGURA 3 – Estratégias consolidadas das análises dos ambientes

As estratégias estabelecidas devem potencializar as forças, inibir as fraquezas, extrair vantagem das oportunidades e reduzir as ameaças. Essas estratégias deverão ser consideradas no processo de formulação dos objetivos e metas do projeto de intervenção, ou seja, nas etapas a seguir.

Planejamento do projeto de intervenção propriamente dito (fase de redação)

O planejamento é o conjunto de estratégias para se conduzir, no nosso caso, o projeto de intervenção com a finalidade de provocar mudanças na situação problema. A substância do planejamento constitui o que se quer e como se deseja atingir. A elaboração do planejamento leva em consideração tanto as mudanças necessárias quanto o seu contexto, atentando-se para as dimensões teóricas e práticas no exercício da compreensão da realidade, criando objetivos, para implementar ações para atingir metas e indicadores mesuráveis.

O planejamento requer acompanhamento contínuo, e é preciso avaliar permanentemente as ações de intervenção por meio do sistema de monitoramento. O planejamento é o processo em contínuo movimento de articulação de ações e de envolvimento das pessoas e atores envolvidos – as instituições parceiras, os atores sociais e os beneficiários da intervenção – permitindo a execução das tarefas para o cumprimento da visão do projeto de intervenção, a fim de atingir os objetivos e as metas pretendidas. Todo o planejamento deve contar com um tempo. Pode ser de 10, 5 ou 3 anos. Essa decisão depende dos recursos existentes e do tempo necessário para gerar mudanças possíveis.

Já o plano de implementação é um dos elementos do planejamento, portanto não deve ser confundido com o planejamento. O plano de implementação é transitório – curto prazo – que frequentemente é revisado e ajustado de acordo com a observação e o monitoramento dos indicadores e a execução das ações. É o produto de execução do planejamento, refinando as informações, as atividades e as decisões desenvolvidas no processo de planejamento. O tempo para o plano de implementação dependerá especialmente da disponibilização de recursos.

Depois de todo o investimento em análises e avaliações, inicia-se a fase de elaboração dos principais componentes do planejamento. Esse eixo tem o objetivo de estruturar ações integradas e efetivas para a construção do planejamento da intervenção. Todas as informações geradas do processo de conhecimento do problema devem ser retomadas para a geração dos objetivos, das metas e dos indicadores. Nesse eixo serão trabalhadas seis sessões: (1) construção da visão, (2) estabelecimento de objetivos, (3) criação de metas e linha de base, (4) definição de indicadores, (5) elaboração do plano de implementação e (6) monitoramento e avaliação.

Construção da visão institucional

Depois de realizar a análise do contexto institucional, o mapeamento das condições favoráveis e desfavoráveis, bem como a análise dos ambientes interno e externo para a proposição de um projeto de intervenção, podemos construir a visão institucional que se pretende atingir.

A visão – que em alguns momentos se confunde com o objetivo geral do projeto de intervenção, é, no entanto, mais ampla que ele – e uma espécie de panorama para a mudança idealizada a longo prazo, na instituição. Trata-se de construir uma "missão institucional" que deve estar sempre em mente, uma meta ambiciosa que serve como um norte para a definição dos objetivos específicos e para a realização do projeto de intervenção. Composta por um conjunto de convicções e compreensões que orientam e direcionam o projeto, correlacionado ao modo como os recursos materiais e humanos serão disponibilizados e tratados ao longo do processo, <u>a visão institucional determina os objetivos específicos da intervenção e as estratégias que devem ser empregadas na sua consecução</u>.

A visão deve ainda estar alinhada aos valores centrais da escola, previstos no seu PPP. Tem que ser forte e estimulante o suficiente para inspirar e impulsionar as mudanças que devem acontecer, orientando as ações da escola numa meta de longo prazo e estabelecendo um compromisso entre as pessoas envolvidas com essa proposta.

Por exemplo, poderíamos vislumbrar uma escola pautada no combate a todas as formas de discriminação e no respeito e valorização das diferenças. Nesse caso, a visão institucional poderia ser assim formulada:

> Uma escola inclusiva, que respeite e valorize a diversidade, cujo compromisso se evidencie na qualidade das relações educativas e interpessoais e na confiança depositada na escola pela comunidade em geral.

Poderíamos colocar esta frase no mural da escola, pois é fundamental que a comunidade escolar, com todos os seus membros envolvidos de maneira direta ou indireta, conheça e compartilhe dessa visão, buscando inseri-la e empregá-la diariamente nas suas práticas. Mas, para isso, reiteramos, é importante ter passado pelas fases anteriores, conhecer bem o contexto em que se está trabalhando e buscar potencializar as forças favoráveis a uma mudança nesse sentido, bem como reconhecendo as fragilidades, resistências e oposições a um trabalho com esta temática.

Formulação de objetivos

No contexto de um projeto de intervenção, <u>objetivos são proposições assertivas em vista de melhorias e mudanças relacionadas à situação-problema</u>. São alvos a ser perseguidos pela comunidade escolar, visando uma melhoria significativa do contexto, com foco na situação-problema. Os objetivos derivam da visão do projeto com pretensões específicas, posto que orientam as ações com maior precisão.

Os objetivos assumem duas perspectivas: (1) objetivo(s) geral(is) ou propósitos permanentes a ser perseguidos de forma contínua na busca das realizações; e (2) objetivos específicos ou propósitos situacionais, para provocar mudanças no ambiente escolar e na conjuntura de fatores internos ou externos.

Objetivo geral

O objetivo geral é um impacto mais amplo e de longo prazo, que pode ou não ser atingido, mas para o qual se pretende efetivamente contribuir progressivamente, por meio do projeto de intervenção. Por exemplo, se lidamos com o tema do racismo, podemos propor como objetivo geral "contribuir para a qualidade do processo educacional por meio da eliminação de todas as formas de preconceito e discriminação, na escola". Ora, esse objetivo possivelmente não será atingido, pois certamente não conseguiremos eliminar todos os problemas de racismo na escola. No entanto, temos aí um horizonte que almejamos atingir, portanto esse é o nosso objetivo geral.

Objetivos específicos

Na árvore de problemas (FIG. 1, p. 30), vimos que o problema central é o "Elevado índice de preconceito e práticas de discriminação na escola", que é influenciado por oito fatores importantes que podem ser revistos na própria figura. A partir dessas observações, os objetivos específicos devem ser construídos para enfrentar os problemas identificados, combatendo o problema central e os problemas periféricos que contribuem para o problema central.

Podemos dizer que os objetivos específicos são os efeitos essenciais que se pretende atingir por meio do projeto e que são elaborados a partir do detalhamento do objetivo geral. Os objetivos específicos, em seu conjunto, contribuirão para que o objetivo geral seja atingido; portanto, se relacionam a ele e apontam o que se pretende progressivamente fazer no sentido de atingir esse propósito mais amplo.

Os objetivos específicos devem começar com verbos no infinitivo, por exemplo, **capacitar** (os professores para a temática da diversidade e das relações étnicas e raciais); **implementar** (políticas afirmativas de acesso ao ensino profissionalizante); **sensibilizar** (a comunidade escolar por meio de filmes e outras manifestações); **expandir** (o uso de materiais pedagógicos que valorizem a temática da diversidade).

Quadro de objetivos	
Objetivo geral	**Objetivos específicos**
• Contribuir para a qualidade do processo educacional por meio da eliminação de todas as formas de preconceito e discriminação relacionadas à raça negra, na escola.	• Construir e implementar uma política de valorização da diversidade na escola, contemplando ações mitigadoras para a redução da discriminação. • Estabelecer relações de parceria com as organizações que possam apoiar o projeto, por meio do compartilhamento de ideias e recursos (tecnológicos e financeiros).

Na análise do ambiente interno e do ambiente externo foram detectadas as fraquezas e as ameaças, as forças e as oportunidades, sintetizadas na FIG. 4.

Ameaças	Fraquezas
• Fracas relações com organizações relevantes para o desenvolvimento do projeto. • Distância entre órgãos de governo e escola, o que dificulta o aperfeiçoamento do corpo docente. • Morosidade na viabilização em tempo hábil dos recursos necessários para o projeto. • Recursos não chegam às escolas para programas educativos na área de diversidade.	• Poucos docentes conhecem o protocolo de políticas e o processo sobre a diversidade. • Baixo nível de engajamento do corpo docente nas ações de capacitação. • Maioria dos professores despreparados em relação ao tema da diversidade. • Escola sem plano e política de valorização e respeito à diversidade.
Oportunidades	**Forças**
• Convergência dos movimentos sociais na defesa de direitos e com o projeto de intervenção. Reorientação da política educacional do Estado propiciando o projeto de intervenção. • Recursos financeiros governamentais para o desenvolvimento de programas. • Prefeituras articuladas com os programas do governo estadual.	• Presença de grupo de professores militantes do movimento negro. • Gestão comprometida com valores éticos democráticos e humanitários. • A escola promove semestralmente encontros de pais e mestres. • Disponibilidade de materiais audiovisuais para sensibilização e capacitação no tema da diversidade.

FIGURA 4 – Principais elementos de Análise dos Ambientes Interno e Externo

Para se atingir o problema central, várias ações transversais/objetivos específicos devem ser executados. Na formulação deles, é fundamental usar as oportunidades e as forças analisadas, pois tais objetivos devem enfrentar as questões conjunturais e organizativas durante a execução do projeto.

Como exercício de elaboração dos objetivos específicos, utilizaremos três problemas apontados pelas análises precedentes, a saber: (1) práticas discriminatórias observadas no ambiente escolar (problema central apontado na "árvore de problemas"); (2) baixo nível de engajamento do corpo docente nas ações de capacitação (fraqueza apontada na análise ambiental; e, (3) fracas relações com organizações relevantes para o desenvolvimento do projeto (ameaça apontada pela análise ambiental).

Criação de metas e marco zero

O estabelecimento de metas e do marco zero constitui um momento fundamental no planejamento do projeto de intervenção. A meta é uma definição precisa dos objetivos específicos do projeto de intervenção, que se configura como uma descrição dos resultados esperados, a partir das ações executadas pelo projeto. Quando conseguimos descrever claramente uma meta, facilmente conseguimos definir os indicadores que vão evidenciar o seu grau alcance. As metas devem quantificar ou qualificar os resultados esperados e serão descritas com prazos para a sua realização.

Quando se trata de uma **meta quantitativa**, o resultado é obtido a partir de um determinado número de intervenções. Por exemplo, a realização de dez oficinas de capacitação para uma centena de docentes, em que ao menos 70% de participação é necessária, é considerada uma meta suficiente para atingir o objetivo de formação de docentes sobre a temática da diversidade.

Quando se trata de uma **meta qualitativa**, o resultado é obtido a partir de aspectos subjetivos dos produtos. Por exemplo, a partir das dez oficinas realizadas para uma centena de docentes, eles devem ser capazes de operacionalizar noções como "preconceito", "discriminação", "Lei n.º 10.639/03", "racismo", "diversidade étnico-racial", entre outras. Podemos também propor como meta qualitativa o "desenvolvimento de relacionamentos interétnicos satisfatórios" e, com isso, temos que definir operacionalmente o que consideramos "relacionamentos interétnicos satisfatórios", pois se trata de uma meta qualitativa, ou seja, não diretamente mensurável por meio de certo número de gestos e atitudes pouco perceptíveis ou subliminares. Assim, para verificar o nível de satisfação dos participantes frente ao tema do preconceito e da discriminação, teremos que aplicar questionários nos participantes ou propor entrevistas.

As metas tanto as quantitativas quanto as qualitativas precisam ser muito objetivas para promover um processo de monitoramento e avaliação simples e fácil de ser realizado, conforme veremos posteriormente.

No Quadro 3 observe que as metas são formuladas como fins e não como meios. A explicitação dos objetivos específicos se torna uma meta a ser atingida, ou seja, uma meta é um objetivo específico explicitado ou traduzido como um efeito desejado pela execução das ações definidas. Senão vejamos:

QUADRO 3
Conceituação de metas

Descrição das metas	Meta mal formulada	Meta bem formulada
Específicas: Contêm detalhes específicos sobre o resultado a alcançar. Isso requer uma definição clara do que se pretende alcançar. Devem descrever precisamente o resultado que é desejado.	Valorizar a diversidade no ambiente escolar.	Principais premissas da valorização à diversidade evidenciadas na prática dos professores.
Mensuráveis: São aquelas que podem ser administradas e implicam a possibilidade de mensuração. O que não pode ser medido, dificilmente pode ser administrado.	Inserção de alunos negros no grêmio estudantil.	Pelo menos quatro vagas do grêmio estudantil preenchidas por alunos negros.
Atingíveis: Devem ser desafiantes, porém possíveis de alcance. Metas impossíveis ou fora da realidade tendem a gerar desânimo e desistência, levando a desilusões baixa autoestima.	Eliminar o preconceito à diversidade no ambiente escolar nos próximos dois anos.	Manifestações e discriminação mapeadas e ações mitigadoras executadas com base em quatro enfoques estratégicos para a redução do preconceito.

Relevantes/realísticas: São exequíveis, realísticas e arrojadas, mas não tão desafiantes que a chance de sucesso seja pequena. Se as suas metas não o levam mais perto do que quer alcançar, não faz sentido estabelecê-las.	Tornar a escola um ambiente que valoriza a diversidade.	Ações transversais de valorização da diversidade e mitigação do preconceito inseridas e evidenciadas regularmente na prática escolar..
Temporizáveis: Devem alcançadas dentro de um período de tempo específico. É a âncora final para tornar o objetivo real e tangível, pois todo projeto de intervenção deve ter um cronograma de execução.	Mudar o contexto sobre o preconceito no ambiente escolar em dois anos.	Ações estratégicas de capacitação de professores para lidar com o tema diversidade no ambiente escolar realizadas no período de 2010-2012.

Fonte: Método SMART (*specific, measurable, attainable, relevant e time-bounded*).

O "marco zero" é, portanto, uma referência original a partir de da qual a meta se projeta, formulado para verificar e comparar as mudanças ocorridas pelas ações de intervenção empreendidas e servir de base para o acompanhamento dos resultados do projeto. A definição do marco zero possibilita o monitoramento e a avaliação do grau de alcance da meta. Sem estabelecer o marco zero, ou seja, sem marcar o ponto do qual estamos partindo, é difícil saber se o projeto de intervenção provocou alguma mudança na situação-problema.

As informações para a definição do marco zero foram coletadas nas etapas anteriores, podendo ser complementadas por novos estudos diagnósticos específicos, com nova coleta de dados.

QUADRO 4
Definição do marco zero

Formulação da meta	Valor da meta	Redação da meta	Marco zero
É segmentação do objetivo.	Reduzir a incidência de discriminação na escola.	Redução da incidência de discriminação na escola em 60% até abril de 2012.	Sabe-se que há manifestações de preconceito no ambiente escolar, mas não se sabe quanto.
Os valores e os parâmetros são precisos.	Em 60%.		Discriminação racial evidenciada em 35 % do corpo docente.*
Tem horizonte de tempo.	Até de abril de 2012.		Quando vai começar? Em junho de 2010.

*Informação baseada na pesquisa FIPE.

A título de exemplo e com base nos objetivos específicos traçados anteriormente, podemos iniciar a formulação de metas e marco zero para a verificação dos resultados da intervenção.

Matriz 1 - Exemplo de metas e marco zero		
Objetivos específicos	Metas	Marco zero
Construir e implementar uma política de valorização da diversidade no ambiente escolar contemplando ações mitigadoras para a redução da discriminação.	Programa de aperfeiçoamento das relações interpessoais implantado na escola a partir de junho de 2011.	Não existem iniciativas concretas para tratar do preconceito no ambiente escolar
	Programa de identificação das diversas expressões de preconceito praticadas na escola, instalado junto ao corpo docente no final de 2010	Revista sobre expressões de preconceito editada pela escola em 2002, relata as manifestações mais comuns.
	Pelo menos 10 oficinas de capacitação na escola em história do preconceito étnico e racial (para desmistificação do mito da igualdade)realizadas até junho de 2011.	Nenhuma oficina sobre diversidade realizada pela escola.
	PPP atualizado contempla o respeito à diversidade na escola até dezembro de 2011.	Existe um plano obsoleto que precisa ser aperfeiçoado e socializado entre o/as professores.
Estabelecer relações de parcerias com organizações que possam apoiar o projeto por meio do compartilhamento de ideias e recursos (tecnológicos e financeiros).	Adoção do projeto de intervenção na escola, com apoio de segmentos da sociedade organizada (associações comunitárias e organismos públicos que apoiam a escola).	Há predisposição da Secretaria Municipal de Educação, mas nenhuma parceria estabelecida. Há parceria com a universidade pública para formação/ aperfeiçoamento de professores.

Definição dos indicadores

Indicadores são elementos mensuráveis, específicos e diretamente relacionados à meta. Eles sinalizam e são capazes de evidenciar que a situação-problema está sendo alterada por meio da intervenção. Ou seja, indicam se as metas estão promovendo uma aproximação gradual dos objetivos específicos a ser atingidos. São construídos com base nas metas, e sua definição exige sensibilidade e perspicácia por parte do agente facilitador da intervenção.

De acordo com Minayo (2009), os indicadores podem ser (a) **quantitativos**, quando tangíveis e facilmente observáveis, tais como redução da evasão escolar por adolescentes grávidas, melhoria dos índices de avaliação na Prova Brasil, variação de renda da população negra a longo prazo, aumento dos número de anos de escolarização da população LGBT, frequência na participação de eventos na escola, etc.; (b) **qualitativos**, quando intangíveis e somente observáveis indiretamente, tais como aumento da autoestima, valorização da consciência social e satisfação nos relacionamentos interpessoais. (A redação do indicador, para fins de um projeto de intervenção, pode ser restrita aos termos grifados, pois a variação – aumento ou redução – será uma resposta dada pelo próprio indicador.)

Por exemplo, quando tratamos da meta "dez oficinas de capacitação realizadas", os indicadores quantitativos poderão ser o número de oficinas, o número de participantes ou o número de temas abordados. A coleta de dados para esses indicadores é simples; basta, por exemplo, contar as oficinas efetivamente realizadas, verificar a lista de presença de cada uma e enumerar os itens temáticos abordados.

Já os indicadores qualitativos – de construção mais complexa – são em geral observados indiretamente. Por exemplo, o indicador "valorização da consciência social" deve ser traduzida para itens mais pragmáticos, tais como a participação de estudantes negros em grêmios escolares. Assim como o "aumento da autoestima" deve ser traduzido, por exemplo, pelo uso da fala em sala de aula, ou seja, os estudantes negros passam a fazer mais questões para o professor. Ou seja, mesmo os indicadores qualitativos devem ser quantificáveis, num certo sentido.

Os indicadores qualitativos apresentam ainda a dificuldade de que as mudanças que eles apontam no fenômeno observado podem ter sido influenciadas por outros fatores e atores. Por exemplo, se, durante o período em que se está implementando um projeto de intervenção para aumento da autoestima dos estudantes negros, é eleito como presidente dos EUA o negro Barack Obama, isso pode gerar um aumento coletivo da autoestima da população negra, sem que haja nenhuma influência direta da intervenção que se está empreendendo.

Para elaborar indicadores fidedignos e válidos, alguns critérios devem ser observados, pois bons indicadores devem ser:

1. Mensuráveis de forma direta ou indireta, registráveis ou contabilizáveis e analisáveis nos aspectos quantitativos e/ou qualitativos;
2. Claros, precisos e objetivos para não suscitar ambiguidades;
3. sensíveis às mudanças que estão acontecendo no sistema em que se implementa a intervenção;
4. Compatíveis com o orçamento do projeto; e
5. Aceitáveis pela comunidade-objeto da intervenção e pelos organismos de controle técnico (fundações, auditorias, associações, etc.).

Finalmente, é importante estabelecer a frequência com que o dado (fonte de informação) será coletado para dar elementos de análise para o indicador. Como temos que entregar semestralmente relatórios formais do acompanhamento do progresso da implementação, precisamos monitorar também semestralmente os indicadores. A frequência da coleta nos auxilia na revisão dos prazos e nos ajustes necessários, bem como na atualização do plano que reflete nas mudanças, no ambiente ou nas metas.

Nas matrizes 2 e 3 a seguir apresentamos exemplos de metas e indicadores, coerentes com os objetivos específicos do projeto, que irão tornar simples e compreensível a noção de indicadores.

MATRIZ 2
Exemplo de matriz de metas e indicadores, segundo o objetivo

Objetivo 1 - Construir e implementar uma política de valorização da diversidade no ambiente escolar contemplando ações mitigadoras para a redução das manifestações de preconceito no ambiente escolar.

Metas	Marco zero	Indicadores	Criterização (definição de critérios para medir o indicador)	Fonte de informação
Programa de aperfeiçoamento das relações interpessoais implantado na escola a partir de junho de 2011.	Não existem iniciativas concretas para tratar do preconceito no ambiente escolar.	Práticas de mitigação de conflitos adotadas. Depoimentos de alunos sobre sentimento de valorização/autoestima. Grau de satisfação da comunidade escolar.	Reconhecimento, atenção, escuta, livre-expressão, mediação de conflitos.	Pesquisa de opinião (pode ser por meio de questionário simples ou fazer entrevista com docentes e alunos).
Programa de identificação das diversas expressões de preconceito praticados na escola, instalado junto ao corpo docente no final de 2010.	Revista sobre expressões de preconceito editada pela escola em 2002, relata as manifestações mais comum.	Número e tipo de evidências de discriminação observadas. Expressões que indicam o reconhecimento da existência do preconceito/ Movimento de "desinvisibilizar" a discriminação.	Identificação dos diversos tipos de preconceito (oral, escrito, corporal, política, [o q é isto?], etc.). Discursos sobre o reconhecimento da existência do preconceito.	Registro de observações das expressões, seleções, políticas executadas, frases escritas, etc. Análise de discursos.
Pelo menos 10 oficinas de capacitação na escola em história do preconceito étnico e racial (para desmistificar o mito da igualdade) iniciado em junho de 2011.	Nenhuma oficina sobre diversidade realizada pela escola.	Práticas adotadas pelos professores a partir da execução do plano. Número de oficinas realizadas, número de participantes e número de temas abordados. Expressões de mudança no comportamento.	Identificação dos participantes (docentes, alunos, diretores, pais de alunos). Afirmativas que relatam o reconhecimento do preconceito étnico e racial como não natural.	Registro dos participantes. Pesquisa de opinião e análise de discursos. O plano. Registro das práticas e avaliações.
Plano de intervenção na temática da diversidade para delimitar os valores da escola construído junto aos professores na fase de implantação do projeto (2011).	Existe um plano obsoleto que precisa ser aperfeiçoado e socializado entre o/as professores.	Número de participantes na elaboração do plano. Relação dos princípios contemplados no plano. Tipo de mudanças ocorridas na escola.	Definir quais princípios podem ser considerados como suficientes para ao plano de intervenção das escola. Estabelecer as mudanças que são esperadas.	Apreciação documental para ver princípios para valorização da diversidade. Realizar pesquisa de opinião (questionários ou entrevistas).

MATRIZ 3
Exemplo de matriz de metas e indicadores, segundo o objetivo

Objetivo 2 - Estabelecer relações de parcerias com organizações que possam apoiar o projeto por meio do compartilhamento de ideias e recursos (tecnológicos e financeiros).

Metas	Marco zero	Indicadores mensuráveis	Criterização (definição de critérios para medir o indicador)	Fonte de informação
Adoção do projeto de intervenção por 5 segmentos da sociedade organizada evidenciada no compartilhamento de recursos e esforços a partir do segundo semestre da fase inicial de implementação (2010).	Há predisposição da Secretaria Municipal de Educação, mas nenhuma parceria estabelecida.	Número de organizações acionadas e os negócios acertados.	As organizações visitadas e as decisões tomadas.	Os acordos. Plano de parceria. Registro das reuniões e encontros.
		Os tipos de acordos estabelecidos nas relações.	Tipos de acordo: troca de conhecimentos técnicos, repasse de recursos, disponibilização de espaço e equipamentos, execução conjunta.	Elaboração de relatórios semestrais para mapear os tidos de troca ocorrida nas parcerias.
		O grau de satisfação das partes envolvidas.	Grau de satisfação: qualidade da relação, fluxo de comunicação, socialização de informação, socialização de créditos, prazer na parceria.	Pesquisa de opinião para verificar a satisfação na relação (questionário, entrevistas, reunião participativa).

Elaboração do plano de implementação

Esta fase consiste no estabelecimento de um conjunto de atividades que acelerem, multipliquem e transfiram os recursos existentes para promover e produzir a mudança social que se deseja.

O plano de implementação é um documento muito simples, deve ser bastante realístico e ter como base os recursos e os prazos de fato disponíveis e exequíveis. Para a sua elaboração é necessário pensar em todos os aspectos do projeto de intervenção já discutidos, bem como nos aspectos posteriores, que são o monitoramento das ações e a avaliação dos resultados, o processo de sensibilização e mobilização e as respectivas ações fins do projeto de intervenção.

Geralmente elaborado na forma de uma matriz (conforme a Matriz 4, a seguir), o plano de implementação contempla uma relação de todas as atividades planejadas, com prazos para a sua realização, identificação dos responsáveis pela execução, os recursos, as fontes de financiamento e os custos previstos. Uma hierarquização de prioridades pode também ser discriminada. Portanto, a elaboração do plano de implementação do projeto de intervenção é, por assim dizer, a coluna dorsal de todo o trabalho.

MATRIZ 4
Plano de implementação

Meta	Atividades prelimina-res ou atividades-meio	Atividades-fim	Prazos	Recurso/ custo/ fonte	Responsável
		Construir agenda de visitas de sensibilização e realizar oficinas de sensibilização com organismos afins.		Locomoção e material de divulgação.	Geraldo e Marcelina
	Arranjos necessários viabilizados para a fase de implantação projeto, com 5 oficinas de mobilização realizadas e 3 entidades, inicialmente comprometidas com o projeto (primeiros 6 meses).	Organizar as ações de sensibilização (material de divulgação do projeto e apresentações audiovisuais).		Sem custo.	Geraldo e Marcelina
		Construir e executar instrumentos de mapeamento dos atores, relevantes para o projeto de intervenção.		Sem custo.	Geraldo e Marcelina
		Organizar oficinas de mobilização de agentes para a implementação		Locomoção, oficinas e materiais.	Geraldo e Marcelina
		Prover a divulgação das ações para garantir o levantamento das necessidades e a participação dos parceiros nas ações do projeto.		R$ 5.000,00	Geraldo e Marcelina
		Construir instrumento para coletar informações de potenciais parceiros sobre os interesses e recursos para o estabelecimento de relações com o projeto.		Sem custo.	Geraldo e Marcelina

		Ações		Responsáveis
	Programa de aperfeiçoamento das relações interpessoais implantado na escola a partir de junho de 2011.	Construir instrumentos para coleta de dados para os indicadores.		
		Capacitar pessoas para a coleta de dados e análise de resultados.		
		Realizar oficinas de capacitação para o uso da tecnologia de monitoramento e avaliação.	Sem custo (trabalho interno).	Adalto e Rosiele
		Construir os instrumentos de monitoramento e avaliação.		
	Processo de identificação das diversas expressões de preconceito, praticados na escola, instalado junto ao corpo docente no final de 2010.	Construir junto aos docentes a metodologia para mitigação do preconceito no ambiente escolar.		
		Estabelecer uma campanha contra o preconceito étnico e racial na escola – para o reconhecimento da existência do preconceito.	R$ 5.000,00	Selma e Eduardo
	Pelo menos 10 oficinas de capacitação na escola em história do preconceito étnico e racial (para desmistificação do mito da igualdade) iniciado em junho de 2011.	Construir os materiais para o processo de mobilização.		
		Organizar oficinas de mobilização de agentes para a implementação.	Logística: lanche, almoço e materiais	
		Desenvolver o termo de referência para a programação das oficinas de capacitação.	*Notebook* e *data show*	Marlene e Adalto
		Mobilizar e captar recursos para a realização das oficinas.		
		Prover a divulgação das ações para garantir o levantamento das necessidades e a participação dos parceiros nas ações do projeto.	R$ 20.000,00	

Plano de intervenção na temática da diversidade para delimitar os valores da escola, construído junto aos professores na fase de implantação do projeto (2011).	Realizar uma oficina interna, com a participação de parceiros, para a elaboração da política de intervenção na temática da diversidade para escola.	R$ 2.000,00	Fernando e Joaquina
	Elaborar um orçamento-base para as ações de implantação do projeto.		
	Realizar reuniões com diretores e professores para a discussão do projeto internamento e fazer plano para a construção do projeto.		
Adoção do projeto de intervenção por 5 segmentos da sociedade organizada evidenciada no compartilhamento de recursos e esforços, a partir do segundo semestre da fase inicial de implementação (2010).	Planejar e implementar ações conjuntas.	R$ 1.500,00	Amélia e Selma
	Estabelecer acordos de parcerias com organizações afins.		

A estrutura da matriz do plano de implementação é definida pelo facilitador da intervenção. Ela pode conter outras colunas como uma para parceiros, outra para fontes de financiamento, etc., bem como se pode elaborar quadros complementares, para fazer um detalhamento de linhas ou colunas.

Estratégias de implementação

Este eixo tem o objetivo de fortalecer o processo de intervenção com estratégias fundamentais para o sucesso do projeto, contemplando as seguintes sessões: *Sensibilização de atores afins* e *Mobilização de atores para a implementação*.

Sensibilização

Sensibilizar é tornar os outros sensíveis a algo, causar abalo, comover para um fim determinado. Em nosso contexto, definimos "sensibilização" como o conjunto de ações capazes de fazer com que as pessoas percebam o preconceito e as situações de discriminação, no ambiente escolar e passem a reagir a elas de maneira crítica, combativa e criativa.

Para sensibilizar, é necessário previamente fazer levantamento e compilação de estudos, filmes, reportagens e todo o tipo de informação disponível sobre a temática enfocada. Essa sistematização irá preparar o facilitador da intervenção tanto para as ações iniciais de sensibilização quanto para as ações posteriores de mobilização, planejamento e implementação do projeto de intervenção.

Muitas pessoas se equivocam ao acreditar que fazem intervenção quando promovem um processo de sensibilização sobre determinado assunto. Ora, embora *faça parte* do processo de intervenção, a sensibilização não corresponde, em si mesma, a uma intervenção no sentido que aqui se pretende dar ao termo. Ou seja, no sentido <u>de planejamento de processo de mudança social, com uso de instrumentos e estratégias, verificável por meio de indicadores de monitoramento e avaliação.</u>

Digamos que numa escola um pré-adolescente passe a usar acessórios típicos de menina e a fazer gestos considerados como pouco viris. O professor observa que a turma está de alguma maneira hostilizando esse garoto, isolando-o e não deixando que ele participe dos jogos do grupo, como futebol, por exemplo. Há risinhos quando ele passa e nitidamente ele demonstra estar se ressentindo com a situação, por exemplo, faltando muito às aulas.

Buscando intervir no problema, o professor decide passar o filme *Minha vida em cor-de-rosa*, a história de um menino que gosta de se vestir como menina e as dificuldades que ele e sua família enfrentam no meio social, relacionadas a esse fato.

E daí? O que acontece? Alguma mudança decorre da exibição deste filme? A turma passa a tratar melhor o garoto em sala de aula? Ele se sente melhor depois disso? Deixa de faltar às aulas? Passa a ser mais aceito, mais querido, a participar do time de futebol? Nada garante.

Embora se trate de uma iniciativa de sensibilização para a temática por parte do professor, a exibição do filme em si mesma não constitui uma intervenção. Ou seja, não gera necessariamente um processo de mudança estruturada e estruturante tal como se pretende com uma proposta de intervenção. Portanto, sensibilizar não é intervir, apesar de fazer parte do processo de intervenção.

Da mesma maneira, quando se propõe que a criança pinte o rosto como uma atividade no *Dia do Índio* ou que assista a uma luta numa roda de capoeira no *Dia da Consciência Negra*, ou quando a direção da escola oferece flores no *Dia Internacional da Mulher*, se está sensibilizando a comunidade escolar para esses temas. Mas não necessariamente intervindo, pois nenhuma intervenção se faz com ações isoladas. E toda intervenção busca garantir mudança em relação ao tema enfocado por meio de um conjunto articulado de estratégias, entre as quais se coloca a sensibilização.

Sensibilizar é fundamental, pois todo processo de intervenção requer envolvimento de atores relevantes para a causa. Não existe possibilidade de mudança sem interesse, envolvimento, compromisso e adesão da comunidade local, com suas lideranças e protagonistas assumindo os seus papéis de sujeitos na questão.

A sensibilização pode ser organizada por diferentes ações:

Visitas políticas: Reuniões previamente marcadas com autoridades locais (prefeitos, secretário(a)s de educação, de ação social e de meio ambiente), além de organizações como ONGs, empresas e movimentos sociais, para a apresentação da ideia do projeto de intervenção e para indagar sobre os interesses na participação do projeto.

Seminários temáticos; Eventos temáticos para reunir agentes relevantes (formadores de opinião, pesquisadores, técnicos e outros para discutir não apenas assuntos acerca do preconceito no ambiente escolar, mas também aperfeiçoamento do projeto de intervenção. Para esses eventos é importante ter materiais preparados como *slides* em *power point* a fim de auxiliar a discussão.

Eventos (mesa-redonda, filme, viagens, etc.): Organizados para públicos diversos, com o objetivo de disseminar os princípios e os conceitos do projeto de intervenção. Podem ser realizados com os alunos, pais de alunos, movimentos sociais, formadores de opinião, grupo de políticos, etc. A ideia é oferecer oportunidades para se refletir sobre o tema e influenciar mudanças.

Meios de comunicação: Estratégia para divulgar os conceitos e os princípios do projeto de intervenção. É um meio para a realização de campanhas ou para enviar mensagens lançamentos de artigos, ou solicitar cobertura da mídia para as atividades do projeto.

Durante o processo de sensibilização, é recomendável que já se dedique algum tempo à tarefa de identificar parcerias e lideranças que estejam dispostas a colaborar com o processo de indução do projeto (iniciar o *mapeamento*, conforme veremos a seguir). O público afim precisa ser conquistado, seduzido, convencido da importância do projeto de intervenção no ambiente escolar, tanto quanto você. É muito importante que os potenciais parceiros estejam informados sobre todas as etapas de implantação do projeto. A participação e o apoio das organizações parceiras são decisivos para o sucesso do projeto de intervenção.

Mobilização

Após a realização das ações de sensibilização e o mapeamento das condições para o projeto de intervenção, pode-se iniciar o processo de mobilização.

Mobilizar é articular os diversos atores sensibilizados e identificados no mapeamento para o processo de negociação da intervenção, levando em consideração os interesses presentes no campo de forças. No artigo *Mobilização Social* Antonio Lino (2006) afirma que "a mobilização é um processo educativo que promove a participação (empoderamento) de muitas e diferentes pessoas (irradiação) em torno de um propósito comum (convergência), acreditando que essas pessoas são capazes de resolver os problemas que afetam diretamente suas vidas". Por intermédio da mobilização, cada vez mais (quantidade) e diferentes (pluralidade) pessoas vão se envolvendo, de forma organizada, com o projeto de intervenção e mudança social.

A articulação e a integração de agentes deve ser realizada do início ao fim do projeto. O projeto dever contar com ações contínuas para motivar o envolvimento de agentes relevantes. O processo de integração é mantido por valorização, envolvimento e comunicação. O projeto deve ainda gerar aprendizagens que possam ser internalizadas pela escola, parceiros, pais de alunos e comunidade do entorno para o alcance dos objetivos almejados. Como já mencionado, o processo de mudança na área de discriminação é de longo prazo, por isso requer que o projeto de intervenção traga aprendizagem e possibilite a identificação de ações inovadoras para ampliar a escala de intervenção.

Portanto, a mobilização é um processo de organização planejado para a convergência de agentes, ações, projetos, perspectivas, recursos e esforços em prol de uma causa sobre a qual se pretende intervir.

O objetivo principal da mobilização é assegurar a participação da sociedade local no projeto de intervenção, de modo contínuo, metódico e permanente. É nessa fase que se utiliza de métodos tais como a divulgação do projeto, a promoção de oficinas, os contatos individuais para a socialização de informações, dinâmicas de grupo, entre outras técnicas que devem ser utilizadas e obedecer a uma sequência lógica.

Para realizar a mobilização, é preciso construir e conduzir um plano, ou seja, um roteiro ou conjunto de diretrizes que correspondam às boas práticas esperadas ou que se pretende implantar, porque fundamentarão as ações dos atores sociais no contexto do projeto de intervenção. Essa construção deve ser coletiva, pois (a) possibilita trabalhar nos principais elementos da intervenção com o envolvimento de atores relevantes e influentes, de modo a identificar as peculiaridades no universo da ação e a subsidiar uma reflexão sobre a questão; (b) garante a representatividade de cada ator no processo, conferindo uma maior legitimidade para as ações que serão implementadas na escola.

Por exemplo, quando se está trabalhando sobre a temática do preconceito e da discriminação em ambiente escolar, o plano de mobilização incluirá a conscientização/ sensibilização da comunidade escolar (diretores, professores, alunos, familiares e atores institucionais) sobre a questão da valorização da diversidade, o comprometimento coletivo quanto à afirmação do direito de todos a uma educação de qualidade e a responsabilização de cada um enquanto protagonista de seu desenvolvimento no que tange a esses temas.

Finalmente importa destacar que o processo de mobilização deve conter dois perfis fundamentais para a implementação do projeto de intervenção:

1. **Multiplicadores:** Lideranças que podem contribuir com a divulgação do projeto de intervenção e têm o potencial para identificar e formar novos mobilizadores e trazer mais parcerias para ampliar a abrangência das ações. Os multiplicadores devem ser agentes que compreendem e concordam com os objetivos do projeto de intervenção, têm capacidades de articulação com diversos segmentos, didática para formar

mobilizadores, habilidades para integrar novas parcerias e especialmente compromisso com o propósito do projeto.
2. **Mobilizadores:** Lideranças locais que podem atuar com as famílias, comunidades e atores sociais na divulgação da importância do projeto de intervenção e realizar orientações sobre a temática da diversidade. Os mobilizadores são aqueles que têm habilidades para envolver o público-alvo e trabalhar com projetos que envolvem a temática em questão, envolvendo ainda outros atores.

Esses agentes multiplicadores e mobilizadores são identificados durante o processo de sensibilização, mapeamento e ao longo do próprio processo de mobilização.

Oficinas de mobilização e capacitação

São consideradas instrumentos fundamentais para os projetos de intervenção. Os agentes de mobilização devem ter a capacidade e os conhecimentos para a realização dessas oficinas para qualificar o discurso frente ao público-alvo. O conteúdo das oficinas deve abranger: o panorama da questão da diversidade no Brasil; as organizações que atuam com o tema; a apresentação do *projeto de intervenção* e do *plano de mobilização*. As ações devem compreender a expansão do *projeto de intervenção* por meio da integração do público-alvo para a contribuição na realização de campanhas de conscientização e da adesão ao projeto.

Apresentações do projeto de intervenção

Estas apresentações podem ser realizadas por meio de palestras sobre o tema do projeto de intervenção. É uma oportunidade para influenciar a adesão de potenciais parceiros para participar do processo de mobilização e compartilhar a implementação das ações do projeto.

Lançamento do projeto de intervenção

Trata-se de uma oportunidade criada especificamente para disseminar o projeto na sua fase inicial. É importante ter materiais ilustrativos para distribuição realização de uma apresentação formal detalhando os propósitos e ações principais do projeto.

Formação da rede para implementação do projeto

Redes de mobilização são uma excelente estratégia de integração de parceiros. Nesse espaço atores compartilham recursos e esforços para alcançar objetivos comuns, reconhecendo que a cooperação é a melhor maneira atuar na temática de diversidade. Nas redes se estabelecem relações de interdependência entre os parceiros, que reconhecem que cada um possui características e recursos que podem contribuir para o alcance dos objetivos. As redes afetam o fluxo e a qualidade da informação entre os atores, dada a relação de confiança estabelecida.

Meios de divulgação das ações do projeto de intervenção

Além dos materiais preparados pela escola (cartilhas, cartazes, folhetos, marcadores de página, calendário, etc.) e da divulgação em seus meios institucionais (www.escola.gov.br), é possível compartilhar com parceiros o envio de mensagens em suas mídias, como jornais, boletins, rádio, sites. Hoje em dia há vários meios e instrumentos para a divulgação das ações do projeto como *blogs* e mobilização (<http://escoladiversidade.blogsopot.com.br>). Os conteúdos podem ser desenvolvidos em conjunto com os diversos parceiros do *projeto de intervenção*. É um meio para organizar informações sobre diversidade no Brasil e divulgar as ações de mobilização e do projeto de intervenção.

Estratégias de monitoramento-avaliação e retroalimentação processual

Ao longo de todo o período de implementação do projeto, precisamos monitorá-lo e, ao final, avaliá-lo. O sistema de monitoramento-avaliação é a comparação do real impacto do projeto em relação ao que foi planejado, com a finalidade de verificar os resultados gerados pelas ações executadas, o grau de alcance dos objetivos específicos e sua contribuição real para a eliminação do problema.

Pelo sistema de monitoramento-avaliação, novos problemas e novas oportunidades podem ser detectados, exigindo mudanças de estratégia no plano de implementação. Sendo assim, em termos práticos, as fases de planejamento, implementação e monitoramento-avaliação se sobrepõem naturalmente ao longo de todo o processo de intervenção.

Tal sistema é focado em 3 componentes:

- **Eficiência:** Aponta para verificar se os esforços e os recursos empreendidos são apropriados para a geração dos resultados desejados. Esses esforços e esses recursos podem ser financeiros, pessoais e relativos a tempo, equipamento, tecnologias, etc. Normalmente um projeto tem a preocupação com a multiplicabilidade e a sustentabilidade de seus resultados ou com uma determinada metodologia que se desenvolve numa projeção em escala – requer arranjos específicos para a ampliação do campo de atuação e envolvimento de agentes relevantes – tornando fundamental o monitoramento dos elementos da sua eficiência.

- **Eficácia:** Tem a finalidade de medir a extensão do desenvolvimento do projeto para avaliar se o que foi traçado como objetivo gerou os resultados finais desejados. Por exemplo, se foi definido reduzir o índice de manifestação de preconceitos no ambiente escolar, conseguiu-se? Em quanto? Que indicadores nos demonstram isso?

- **Impacto:** Tem o objetivo de verificar se o investimento aportado fez qualquer diferença na situação problema (que é complexa e rompe o ambiente escolar). Busca-se verificar se as estratégias do projeto foram úteis, se melhorias foram originadas e se teve repercussão em outros ambientes (parceiros, famílias, comunidade do entorno, universo político, etc.).

Embora o sistema de monitoramento-avaliação funcione de forma integrada e complementar, é importante fazer uma distinção entre os termos, para uma melhor compreensão do sistema.

Monitoramento

O monitoramento é um processo de avaliação processual da implementação do projeto, por meio do acompanhamento e da análise sistemática dos indicadores previamente definidos. Chamamos essa avaliação de formativa, porque por meio dela aprimoramos a eficiência do projeto de intervenção, pela gestão e correção dos resultados insatisfatórios, em tempo real.

O monitoramento trata do acompanhamento físico, financeiro e analítico das ações, dos produtos, dos resultados e impactos, entre outros elementos. A prática do monitoramento possibilita a observação de todos os momentos da trajetória do programa, projeto ou ação de intervenção, oferecendo explicações factuais sobre o desempenho ou não das ações. Possibilita também saber se os recursos estão sendo adequadamente utilizados e se serão suficientes para a consolidação dos resultados esperados.

A finalidade de estabelecer um sistema de monitoramente eficiente é tornar possível a identificação de desvios na execução das ações, entre o programado e o executado, diagnosticar as causas dos desvios e propor ajustes operacionais para adequar a execução ao que foi planejado. Para cumprir essa finalidade, pressupõe-se no monitoramento que existe conhecimento suficiente do projeto nas suas fases inicial e final, bem como na sua fase de desenvolvimento, pois isso permite verificar o seu andamento com relação aos objetivos e as metas, viabilizando, se necessário, redirecionar ou redesenhar algumas ações que se comportaram de forma não prevista.

A revisão e o ajuste decorrentes do monitoramento fazem parte da rotina do projeto. É uma ação de vigilância. Por exemplo: o carro quebrou (precisa consertar), o processo burocrático está atrasando a liberação dos recursos (acionar o processo), as pessoas não estão chegando para os eventos organizados (verificar a comunicação utilizada), o profissional contratado não dominava o tema e causou desistência dos participantes (melhorar o processo de seleção de profissionais), os alunos não estão respondendo às ações de mitigação (é preciso verificar o método, o conteúdo e a condução), etc.

Observando o lado positivo podemos ter, por exemplo, as respostas às atividades de capacitação estão sendo muito positivas (identificar meios para potencializar essas respostas), os mobilizadores e executores estão muito bem preparados para a intervenção (valorização e socialização dos resultados), o envolvimento de alunos negros(as) nas atividades da escola cresceu no ultimo semestre (registrar, intensificar a estratégia), etc.

Nesse momento verificam-se as ações que são mais eficientes e eficazes. Nesse processo, pode-se perceber quando os indicadores são muitos, são difíceis para a coleta de dados ou são desnecessários, possibilitando um aperfeiçoamento das metas e da formulação dos indicadores.

Avaliação

Em muitos momentos da vida avaliamos e somos avaliados. Contudo, na maioria dos casos, nossa avaliação é informal e intuitiva, ou seja, são leituras que fazemos de maneira relativamente inconsistente das experiências que vivemos. Mas existem avaliações formais, como a que propomos aqui, que exigem um exame criterioso de certos objetos e são baseadas em procedimentos padronizados e sistemáticos de coleta e análise de informação sobre o conteúdo, a estrutura, o processo, os resultados e os impactos de políticas, os programas e os projetos.

A avaliação formal é baseada em critérios e procedimentos previamente conhecidos, tendo como referência critérios explícitos e a finalidade de contribuir para o aperfeiçoamento do projeto, a melhoria do processo decisório, o aprendizado institucional e o impacto nas mudanças desejadas. Essa avaliação envolve envolvendo juízo de valor acerca da realidade (proposta/ideologia que fundamenta o projeto) e segue uma série de critérios objetiváveis.

- Apontamos, a seguir, algumas características de uma avaliação formal bem-sucedida:
- A avaliação deve ser capaz de verificar a contribuição real da intervenção na redução das manifestações da situação-problema.
- A avaliação aumenta o grau de assertividade dos facilitadores para a tomada de decisão, potencializa o resultado do recurso disponível, identifica êxitos e supera dificuldades;

- A avaliação contribui para o empoderamento de grupos fragilizados e promove o protagonismo, a participação, a integração e o fortalecimento das relações interpessoais;
- Avaliação do projeto de intervenção é instrumento para a melhoria da eficiência no uso dos recursos, na qualidade da gestão e no controle sobre a efetividade da ação empreendida, bem como para a divulgação de resultados dos projetos;
- A avaliação contribui para uma análise comparativa entre aquilo que o projeto deveria ser (análise prescritiva ou dogmática) e aquilo que ele realmente foi (análise fática ou empírico-dedutiva).

Finalmente, a retroalimentação do processo de intervenção, ou seja, a sistematização e a disseminação de informações completa o ciclo de vida do projeto de intervenção. É um mecanismo de extrema importância para influenciar mudanças de atitudes. É através da disseminação que se amplia a contribuição e concepção do projeto, potencializando os resultados e inserindo-os numa lógica de sustentabilidade.

A disseminação dos resultados requer ações educativas para as pessoas realmente conheçam os resultados, não se restringindo, portanto, a uma mera distribuição de material informativo ou a uma sessão de dinâmica devolutiva. Mas pode ser realizada por meio de emissoras de comunicação (TV, rádio, revistas, jornais, etc.), seminários, reuniões para apresentação de resultados, debates em sala de aula, etc. E o documento final do projeto de intervenção pode se tornar artigos, publicações, materiais de comunicação, etc.

Para finalizar, apresentamos a FIG. 5, que ilustra, condensa e resume o ciclo dinâmico do projeto de intervenção que aqui expusemos, a partir das fases principais do processo de planejamento, monitoramento e avaliação,

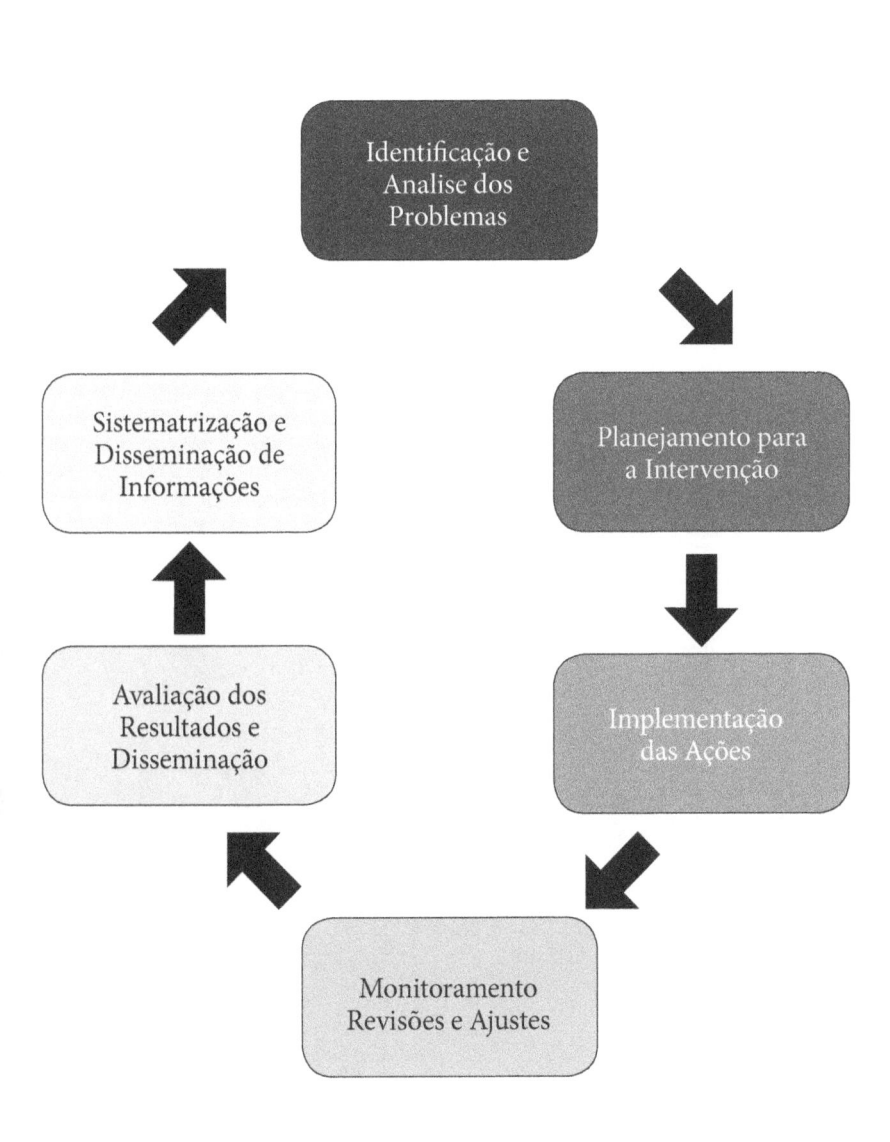

FIGURA 5 – Ciclo de Vida do Projeto

Referências

AGENCIA DE MOBILIZAÇÃO SOCIAL. Mobilização Social. [Antonio Lino]. Disponível em: <www.aracati.org.br>. Acesso em: 10 mar. 2010.

BARBOSA, Rui. Oração dos moços. In: Ler ou não ler? Direito, cidadania, ética. Belo Horizonte: OAB-MG/Del Rey Editora, 2010.

BLANCHET, Alain; GOTMAN, Anne. *L'enquête et ses méthodes: l'entretien.* Paris: Nathan, 1992.

BOBBIO, Norberto. *Elogio da serenidade - e outros escritos morais* [1998]. São Paulo: Unesp, 2002.

BOURDIEU, Pierre. *La misère du monde.* Paris : Seuil, 1993.

BRAGA NETTO, Felipe Peixoto. Notas de Curso de Direito Civil 1. Belo Horizonte. mimeo, 2010

FISCHER, Gustave-Nicolas. *La psychologie sociale.* Paris: Seuil; Points, 1997.

GONÇALVES, Carlos Roberto. Direito Civil Brasileiro. 8. ed. São Paulo: Saraiva, 2010.

GOMES, Joaquim Barbosa. *Ação afirmativa e principio de constitucional de igualdade: (o Direito como instrumento de transformação social. A experiência dos EUA).* Rio de Janeiro: Renovar, 2001.

GRAWITZ, Madeleine. *Méthodes des sciences sociales.* 10. éd. Paris : Dalloz, 1996.

MINAYO, M. C. S.; SOUZA, E. R. Construção de indicadores qualitativos para avaliação de mudanças. *Rev. bras. Educ. Med.*, 2009, v. 33, sup. 1, p. 83-91. Rio de Janeiro: Fundação Oswaldo Cruz, 2009.

ONU. CONVENÇÃO INTERNACIONAL SOBRE A ELIMINAÇÃO DE TODAS AS FORMAS DE DISCRIMINAÇÃO. 1966.

RIOS, Roger Raupp. Homofobia na perspectiva dos Direitos Humanos e no contexto dos estudos sobre preconceito e discriminação. In: JUNQUEIRA, Rogério Diniz (Org.). *Diversidade sexual na educação: problematizações sobre a homofobia nas escolas*. Brasilia: MEC/SECAD-UNESCO, 2009.

SILVA, E. De Plácido. Vocabulário jurídico. 27. ed. Rio de Janeiro: Forense, 2006.

SINGLY, François de. *L'enquête et sés méthodes: le questionnaire*. Paris: Nathan, 1992.

VALARELLI, L. L. Indicadores de resultados de projetos sociais. 2004. Disponível em: <http://www.rits.org.br/gestao>. Acesso em: 4 abr. 2010.

WWF BRASIL. *Monitoramento e Avaliação de Projetos de Conservação e Desenvolvimento Sustentável: Sistematização de uma Experiência. Programa Piloto de Monitoramento de Avaliação* (PPMA). São Paulo. WWF-Brasil, 2000.